H. Döring

Johann Wolfgang von Goethes Biografie

CLASSIC PAGES

H. Döring

Johann Wolfgang von Goethes Biografie

Reihe: classic pages

1. Auflage 2009 | ISBN: 978-3-86741-179-0

Verbesserter Nachdruck der Erstausgabe von 1853

© Europäischer Hochschulverlag GmbH & Co KG

www.classic-pages.de

Johann Wolfgang Goethe, später in den Adelstand erhoben, war zu Frankfurt am Main den 28. August 1749 geboren. Sein Großvater, *Friedrich Georg*, war Gastgeber zum Weidenhof. Eine glänzendere Stellung behauptete sein Großvater mütterlicher Seite *Johann Wolfgang Textor* als Kaiserlicher Schultheiß. Er war ein ernster, in sich gekehrter, ziemlich wortkarger Mann, dabei sehr gewissenhaft und pünktlich in der Erfüllung seiner Berufsgeschäfte. In seinem ruhigen, leidenschaftslosen Charakter zeigte sich kaum eine Spur von Heftigkeit. Sehr behaglich fühlte er sich in seiner einförmigen Lebensweise, die ihn früh Morgens auf's Rathhaus, hierauf an seinen Mittagstisch und von diesem zu einem Schläfchen in seinen alterthümlichen Sessel führte. An seine Wohnung in der Friedberger Straße stieß ein theils mit Weinstöcken, theils mit Küchengewächsen und Blumen bepflanzter Garten, der in Mußestunden sein Lieblingsaufenthalt war. Die Blumenzucht und das Inoculiren der verschiedenen Rosenarten gewährte ihm eine angenehme Beschäftigung. Er trug dann gewöhnlich einen langen weiten Schlafrock und auf dem Kopfe eine faltige schwarze Sammetmütze. Die allgemeine Achtung, in der er stand, ward noch gesteigert durch ein ihm eigenthümliches Ahnungsvermögen, besonders in Dingen, die ihn selbst betrafen. In seinen Büchern und Schreibkalendern pflegte er seine Ahnungen und Träume kurz aufzuzeichnen.

Mit einer fast peinlichen Strenge hing Goethes Vater, *Johann Caspar*, an allem Gewohnten und Herkömmlichen. Ein ernster Lakonismus gehörte zu den Grundzügen seines Charakters. Er handelte nach festen, aber durchaus rechtlichen Principien. Lernbegierig von früher Jugend an, hatte er auf dem Gymnasium zu Coburg rasche Fortschritte gemacht in seiner wissenschaftlichen Bildung, dann in Leipzig die Rechte studirt, und zu Gießen durch Vertheidigung seiner Dissertation: Electa de aditione hereditatis die juristische Doctorwürde erlangt. Seine Welt- und Menschenkenntniß hatte er, nach beendigten Studien, auf einer Reise durch Deutschland und Italien vermehrt, und war dadurch zu dem Besitz einer Gemälde- und Antikensammlung gekommen, die er sehr werth hielt und sie Fremden, die ihn besuchten, gern zeigte. In seinem, von öffentlichen Geschäften befreiten Leben fand er hinlängliche Muße zu Privatstudien, bei denen ihn seine ansehnliche und ausgewählte Bibliothek unterstützte. Mit dem Titel eines Kaiserlichen Raths führte er das Leben eines Privatmannes, das sich mit seinen Vermögensumständen vertrug. Von seinen Kindern, deren Unterricht ihn neben seinen mannigfachen Studien beschäftigte, waren die meisten früh gestorben, so daß zuletzt nur der Dichter und dessen Schwester *Cornelia* übrig blieb. Er starb am 27sten May 1782 in seiner Vaterstadt Frankfurt am Main.

Goethes Mutter, *Catharina Elisabeth*, eine Tochter des früher erwähnten Schultheißen *Johann Wolfgang Textor*, besaß keine gelehrte Bildung im eigentlichen Sinne dieses Worts. Doch beschäftigte sie sich, wenn sie das Hauswesen pünktlich und gewissenhaft besorgt hatte, mit dem Lesen irgend eines guten deutschen oder italienischen Buchs. Ihr Sinn war im Allgemeinen mehr auf das Praktische gerichtet. Eine eigenthümliche Scheu hatte sie vor heftigen und gewaltsamen Gemüthseindrücken, die sie in allen Lagen ihres Lebens möglichst von sich zu entfernen suchte. Nachdrücklich schärfte sie ihren Dienstboten ein, ihr nichts Schreckhaftes, Verdrießliches oder Beunruhigendes zu hinterbringen, was in ihrem Hause, in der Stadt oder in der Nachbarschaft vorgefallen. Sie ging darin so weit, daß sie, als ihr Sohn, der Dichter, längst von ihr entfernt, zu Weimar 1805 gefährlich erkrankt war, erst nach seiner Wiedergenesung das Gespräch auf einen Gegenstand lenkte, der ihrem treuen Mutterherzen nicht gleichgültig seyn konnte. Eigen war ihr eine reiche Ader von Witz und Humor. Gutmüthig von Natur deckte sie in Bezug auf ihre Kinder manches mit dem Mantel der Liebe zu, was ihres Gatten Ernst und Strenge scharf gerügt haben würde. Eine nie versiegende Quelle heiterer Unterhaltung bot ihr in spätern Lebensjahren der Umgang mit Bettina Brentano, der Schwester des bekannten Dichters und der nachherigen Gattin des Schriftstellers Ludwig Achim von Arnim. Als in höherem Alter ein langes Krankenlager ihre Kräfte erschöpft hatte und ihre bisherige Fassung und Heiterkeit von ihr gewichen war, machte sie sich oft bittere Vorwürfe über ihre Ungeduld im Leiden. "Ich habe mich," schrieb sie, in [sie, in] ihrem eigenthümlichen Frankfurter Dialect, "recht derb ausgescholten, und zu mir gesagt: Ei, schäme dich, alte Räthin! Hast gute Tage genug gehabt in der Welt, und den Wolfgang dazu; mußt, wenn die bösen kommen, nun auch vorlieb nehmen, und kein so übel Gesicht machen. Was soll das mit dir vorstellen, daß du so ungeduldig und garstig bist, wenn der liebe Gott dir ein Kreuz auflegt? Willst du denn immer auf Rosen gehen, und bist über's Ziel, bist über siebenzig Jahre hinaus? Schauen's, so hab' ich zu mir selbst gesagt, und sogleich ist ein Nachlaß gekommen und ist besser geworden, weil ich selbst nicht mehr so garstig war."

Ihren Gatten überlebte sie sechs und zwanzig Jahre. Sie starb zu Frankfurt am Main den 13. September 1808.

Manche ihrer Eigenschaften waren auf Goethe übergegangen. Er war ein munterer Knabe, aufgeweckt zu allerlei muthwilligen Streichen. Durch seine Spielkameraden, die Söhne des dem elterlichen Hause gegenüber wohnenden Schultheißen v. Ochsenstein, ließ er sich einst verleiten, mehrere Schüsseln und Töpfe, mit denen er gespielt, von einem obern Stockwerk auf die Straße zu werfen, und freute sich herzlich über das dadurch verursachte Geräusch. Einen günstigen Einfluß auf seine früh erwachte Wißbegierde, die ihn zu mancherlei Fragen über die verschiedenartigsten Gegenstände antrieb, hatte seine Großmutter väterlicher Seite, Cornelia, eine sanfte, wohlwollende Frau, die ihren Enkel gern belehrte.

Früh entwickelte sich in dem Knaben der Sinn für die Schönheiten der Natur, die er besonders in ihren erhabenen Erscheinungen, bei aufsteigenden Gewittern gern betrachtete. Sein Lieblingsaufenthalt im elterlichen Hause war ein hochgelegenes Zimmer, von welchem er über die Stadtmauern und Wälle die schöne und fruchtbare Ebne nach Höchst hin überschauen konnte. Oft ergötzte ihn dort der Anblick der untergehenden Sonne. Eine ernste ahnungsvolle Gemüthsstimmung, die ihn, seines lebhaften Temperaments ungeachtet, oft in seinem Knabenalter ergriff, weckte in ihm das Gefühl der Einsamkeit. Von der Furcht, die ihn bei eintretendem Abenddunkel in dem düstern, winkelhaften elterlichen Hause ergriff, suchte ihn sein Vater frühzeitig zu heilen. Mit umgewandtem Schlafrock, wie eine Spukgestalt, trat er dem Knaben und seiner Schwester Cornelia entgegen, wenn sie aus Furcht ihr einsames Schlafzimmer verließen und sich in die Kammern des Gesindes flüchteten. Ein wirksameres Mittel wandte Goethe's Mutter an, indem sie ihren Kindern, wenn sie Nachts ihre Furcht überwänden, Obst und allerlei Näschereien versprach.

Die Betrachtung von Gemälden und Prospecten, die sein Vater aus Italien mitgebracht hatte, und ein Puppenspiel, mit welchem seine Großmutter ihn an einem Weihnachtsabend überraschte, beschäftigten in mehrfacher Weise Goethe's Einbildungskraft. Der Unterricht, den er bisher im elterlichen Hause genossen, ward geregelter, als sein Vater ihn in die Stadtschule schickte. Aus der strengen Zucht des elterlichen Hauses sah er sich in einen Freiheitskreis versetzt, der mit seinen Neigungen harmonirte. Seine an Alterthümern und Merkwürdigkeiten reiche Vaterstadt und ihre Umgegend lernte Goethe auf mancherlei Streifzügen kennen, die er mit einigen Schulkameraden unternahm. An der Mainbrücke fesselte seine Aufmerksamkeit das emsige Treiben der Handelswelt mit ihren den Strom auf- und abwärts segelnden Schiffen. Dann und wann verwandte er auch einige Kreuzer zur Ueberfahrt nach Sachsenhausen. Von besonderem Interesse war für ihn das Rathhaus, der sogenannte Römer, mit seinen gewölbten Hallen und besonders dem zur Wahl und Krönung des Kaisers dienenden Prunkzimmer, das mit den Brustbildern Karls des Großen, Rudolphs von Habsburg, Karls IV., Günthers von Schwarzburg und anderen hohen Häuptern geziert war.

Von der Außenwelt wandte sich Goethe's Blick wieder nach dem elterlichen Hause zurück, das durch einen bedeutenden Bau erweitert und verschönert worden war. Seine Wißbegierde lockte ihn bisweilen in seines Vaters Bibliothek, die außer mehreren juristischen Werken, auch Schriften über Alterthumskunde, Reisebeschreibungen und einzelne Dichter enthielt. Es waren jedoch, außer Virgil, Horaz u.a. römischen Classikern, größtenteils italienische Poeten, wie Tasso, Ariost u. A., von denen der Knabe, bei seiner Unkenntniß der italienischen Sprache keinen Gebrauch machen konnte. Einen immer neuen Genuß gewährten ihm die Gemälde und Landschaften von Trautmann, Schütz, Junker, Seekatz u.a. Frankfurter Künstlern. Diese Gemälde, früher hie und da in der elterlichen Wohnung an mehreren Orten zerstreut, waren von Goethe's Vater bei dem Umbau seines Hauses in einem besondern Zimmer vereinigt worden. Goethe's Sinn für die Kunst ward zuerst geweckt durch die Betrachtung jener Werke.

Nur durch anhaltenden Fleiß und Wiederholung des Gelernten war Goethe's Vater zum Besitz mannigfacher Kenntnisse gelangt. Um so mehr schätzte er das angeborne Talent seines Sohnes, der durch eine schnelle Auffassungsgabe und ein treffliches Gedächtniß bald dem von seinem Vater und seinen Lehrern ihm ertheilten Unterricht entwachsen war. Den grammatischen Regeln, mit ihren mannigfachen Ausnahmen, vermochte er zwar keinen sonderlichen Geschmack abzugewinnen. Doch machte er sich mit den Sprachformen und rhetorischen Wendungen schnell bekannt. Sein heller Kopf zeigte sich vorzüglich in der raschen Entwicklung von Begriffen. Durch seine schriftlichen Aufsätze, ihrer Sprachfehler ungeachtet, erwarb er sich im Allgemeinen seines Vaters Zufriedenheit, und manches kleine Geschenk belohnte seinen Fleiß. Der Privatunterricht, den er gemeinschaftlich mit mehreren Knaben seines Alters erhielt, förderte ihn wenig, da die von seinen Lehrern eingeschlagene Methode nicht geeignet war, ihm ein besonderes Interesse an wissenschaftlichen Gegenständen einzuflößen. Ueberdieß beschränkte sich jener Unterricht fast nur auf die Erklärung des Cornelius Nepos und auf das Neue Testament.

Durch das Lesen deutscher Dichter bemächtigte sich seiner, wie er in spätern Jahren gestand, "eine unbeschreibliche Reim- und Versewuth." In dem Kreise seiner Jugendfreunde fanden seine poetischen Versuche großen Beifall. Um so mehr fand sich seine jugendliche Eitelkeit gekränkt, als einer seiner Mitschüler durch höchst mittelmäßige Verse ihm seinen Dichterruhm streitig zu machen suchte. Darüber entrüstet, stockte seine poetische Fruchtbarkeit ziemlich lange, bis ihn sein erwachtes Selbstgefühl und eine von seinen Lehrern mit Beifall aufgenommene Probearbeit über seine Anlagen und Fähigkeiten beruhigte.

Reiche Nahrung für seine Wißbegierde fand Goethe in dem Orbus pictus, in Merians Kupferbibel, in der Acerra philologica und ähnlichen Werken, die damals die Stelle einer noch nicht vorhandenen Kinderbibliothek vertraten. Ovids Metamorphosen machten ihn mit der Mythologie bekannt. Seine Phantasie ward dadurch vielfach angeregt zu allerlei poetischen Entwürfen. Eine wohlthätige Wirkung auf sein Gemüth verdankte er den moralischen Schilderungen in Fenelon's Telemach. Unterhaltung und Belehrung schöpfte er ais Robinson Crusoe und aus der Insel Felsenburg. Aus dem romantischen Gebiet ward er wieder in die Wirklichkeit zurückgeführt durch die anziehenden Schilderungen in Anton's Reise um die Welt. Ein Zufall verhalf ihm in dem Laden eines Antiquars zum Besitz einer Reihe mannigfacher Schriften. Darunter befanden sich der Eulenspiegel, die vier Haimonskinder, die schöne Magelone, der Kaiser Octavian, Fortunatus und ähnliche Volksbücher.

Dieser anmuthigen Lectüre mußte Goethe, als sie kaum begonnen, wieder entsagen. Er ward von den Blattern befallen, und brachte unter einem heftigen Fieber mehrere Tage beinahe blind zu. Die Aeußerung einer seiner Tanten: "Ach, Wolfgang, wie häßlich bist Du geworden?" kränkte ihn um so mehr, da die Blattern auf seinem Gesicht durchaus keine Spur zurückgelassen hatten. Auch von den Masern blieb er nicht verschont, und hatte dadurch Gelegenheit, sich im Stoicismus zu üben. Einigen Trost gewährte es ihm, daß er auf seinem Krankenlager an seinem jüngern Bruder Jacob, der in der Blüthe seiner Jahre starb, einen Leidensgefährten hatte.

Seines Vaters Strenge nöthigte ihn, durch verdoppelte Unterrichtsstunden das während der Krankheit Versäumte wieder nachzuholen. Die Wohnung seiner Großeltern und ein daran stoßender Garten in der Friedberger Straße bot ihm dann und wann einen Zufluchtsort, sich seinen Lectionen zu entziehen. Besonders angenehm war ihm auch der Aufenthalt in dem Laden seiner Tante, Maria Melber, der Gattin eines Gewürzhändlers, die ihn mit allerlei Naschwerk beschenkte. Ihre Schwester war mit dem Pfarrer und Consistorialrath Stark verheiratet, in dessen Bibliothek ein anderer geistiger Genuß sich ihm darbot. In der Büchersammlung jenes gelehrten Mannes fand

Goethe eine prosaische Uebersetzung des Homer. Dieser Dichter und bald nachher Virgil machten einen tiefen und bleibenden Eindruck auf das poetisch gestimmte Gemüth des Knaben.

Weniger befriedigte sein Herz die trockene Moral, die ihm der bisher ertheilte Religionsunterricht gepredigt hatte. Er ward irre an den christlichen Dogmen. Entzweit mit seinen religiösen Begriffen, kam ihm der sonderbare Gedanke, nach dem Beispiel der Separatisten, Herrnhuter und anderer Secten, mit dem höchsten Wesen, das er aus seinem Walten in der Natur längst erkannt, sich in eine Art von unmittelbarer Verbindung zu setzen, und demselben nach alttestamentlicher Weise einen Altar zu errichten. Dazu benutzte er ein rothlakirtes, mit goldnen Blumen verziertes Musikpult, auf welchem er mehrere Räucherkerzen anzündete. Das Andachtsopfer stieg empor, mißlang jedoch bei der Wiederholung durch einen unglücklichen Zufall so gänzlich, daß die damit verbundene Feuersgefahr ihn warnte, in solcher Weise wieder dem höchsten Wesen sich zu nähern.

Aus den friedlichen und ruhigen Zuständen, in denen Goethe seine Kindheit verlebt hatte, ward er aufgeschreckt durch den Ausbruch des siebenjährigen Krieges im Jahr 1756. Er war damals acht Jahre alt. Was er von Friedrich II und seiner Persönlichkeit erzählen gehört, begeisterte ihn. Er schrieb sich die Kriegslieder ab, durch welche Gleim unter der Maske eines preußischen Grenadiers die Heldenthaten des großen Königs verherrlichte. Seinen Lieblingshelden verkleinern zu hören, war ihm ein unerträgliches Gefühl. Als sich nach einigen Jahren durch die Theilnahme Frankreichs der Kriegsschauplatz bis in die Nähe

Frankfurts zu ziehen drohte, hatte dieß für Goethe die Folge, daß er weniger, als bisher, das elterliche Haus verlassen durfte.

Unter mannichfachen Beschäftigungen griff er wieder nach den Figuren des Puppenspiels, das er von seiner Großmutter zum Geschenk erhalten hatte. Mit Hülfe einiger Jugendgespielen ward das frühere Drama, für welches die Puppen hinreichten, mehrmals vorgestellt. Die Garderobe und die Decorationen nach und nach zu verändern, war eine Lieblingsbeschäftigung des Knaben. Sein Versuch, größere Stücke ufzuführen [aufzuführen], scheiterte jedoch an dem beschränkten Schauplatz. Unter diesen Umständen leistete ihm ein Bedienter seines Vaters wesentliche Dienste, indem er ihm Panzer und Rüstungen verfertigen half. Goethe und seine Gespielen ergötzten sich eine Zeitlang an den gegenseitigen Parteiungen und Gefechten, die mitunter in ernsthafte Händel ausarteten, bei denen es ohne derbe Schläge nicht abging.

Durch einen andern Zeitvertreib, durch das Talent, Mährchen zu erzählen, die er meist selbst erfunden, empfahl sich Goethe seinen Jugendfreunden. Eins dieser Mährchen, "der neue Paris" betitelt, hat sich in Goethe's gesammelten Werken erhalten. Er bediente sich dabei des Kunstgriffs, in eigner Person zu sprechen, wodurch die von ihm geschilderten abenteuerlichen Ereignisse den Anschein bekamen, als wären sie ihm selbst begegnet. Durch die Localitäten, die er in seine Mährchen verwebte, erhöhte er ihre Wirkung auf seine Zuhörer, die unter lautem Beifall sich beeilten, den in dem Mährchen "der neue Paris" erwähnten Ort mit den Nußbäumen, der Tafel und dem Brunnen aufzusuchen, in ihren Berichten über das, was sie gefunden, jedoch sehr variirten. Erhalten hat sich noch aus jener Zeit (1757) in einem alten Exercitienheft Goethe's ein von ihm verfaßtes Gespräch, "Wolfgang und Maximilian" überschrieben. In diesem Dialog, dem ersten dramatischen Versuch des achtjährigen Knaben trat besonders die Naivität hervor, womit Goethe, durch seinen Vornamen Wolfgang bezeichnet, seinem Schulcameraden Maximilian gegenüber, sich als den Soliden und Wohlerzogenen geschildert hatte.

Einen tiefen Eindruck auf Goethe's poetisch gestimmtes Gemüth machte um diese Zeit (1757) Klopstocks Messias. Er mußte dies berühmte Epos heimlich lesen, denn sein Vater, durch Canitz, Hagedorn, Gellert und andere Dichter an den Reim gewöhnt, äußerte die entschiedenste Abneigung gegen den Hexameter, oder, wie er sich ausdrückte, gegen Verse, die eigentlich gar keine Verse wären. Goethe und seine Schwester Cornelia benutzten jede Freistunde, um in irgend einem Winkel verborgen, die zartesten und ergreifendsten Stellen der Messiade sich einzuprägen, nächst Portia's Traum besonders das verzweiflungsvolle Gespräch zwischen Satan und Adramelech im zehnten Gesange der Klopstockschen Dichtung. Als jene geistlichen Verwünschungen, die sie schon oft recitirt, einst ziemlich laut hinter dem Ofen, wo sie sich verborgen hatten, hervorschollen, ließ der Barbier, der eben Goethe's Vater rasirte, vor Schreck das Seifenbecken fallen, wodurch der Alte, über und über beschüttet, doch nicht von seiner Abneigung gegen die Hexameter, denen er jenes Unheil beimaß, geheilt ward.

Goethe's Kunstsinn ward geweckt und genährt,

als der französische Königslieutenant Graf Thorane, ein enthusiastischer Freund und Kenner von Gemälden, bald nach der Besitznahme Frankfurts durch die französischen Truppen, in Goethe's elterlichem Hause einquartirt ward. Das Mansardzimmer, welches Goethe bisher bewohnt hatte, war dem Grafen zu einem Atelier eingeräumt worden, in welchem er mehrere Frankfurter Künstler für sich arbeiten ließ. Für Goethe, der ihn dort oft besuchte, ging daraus noch der Vortheil hervor, daß er in der französischen Sprache, die er bisher sehr vernachlässigt, sich immer mehr vervollkommnete. Mangelhaft blieb jedoch seine Kenntniß des Französischen, da er sie nicht auf dem Wege eines grammatikalischen Unterrichts erlangt hatte.

Dies ward ihm besonders fühlbar, als ein Freibillet ihm den Eintritt in das französische Theater verschaffte, das damals in Franfurt errichtet worden war. Da er, besonders im Lustspiel, wo sehr schnell gesprochen ward, nur wenig von den Reden der Schauspieler verstand, richtete er seine Aufmerksamkeit vorzugsweise auf die Bewegung der auftretenden Personen und auf ihre Mimik. Er gelangte dadurch zu einer, wenn auch nur oberflächlichen Kenntniß des französischen Lust- und Trauerspiels, und ward einigermaßen vertraut mit den dramatischen Regeln der französischen Bühne. Der abgemessene Schritt, in dem sich die Tragödie bewegte, der gleichmäßige Tact der Alexandriner machte auf ihn einen wunderbaren Eindruck. Aus Racine's Trauerspielen, die er in seines Vaters Bibliothek fand, recitirte er mehrere auswendig gelernte Stellen nach Art und Weise der französischen Schauspieler, deren Ton und Accent sich seinem Ohr scharf eingeprägt hatte. Fast noch mehr als die Tragödie, behagten ihm die damals sehr beliebten Lustspiele von Destouches, Marivaux, la Chaussée und andern französischen Dichtern. Auch mehrere Opern und Schäferspiele sagten seinem damaligen Geschmacke zu, und noch lange nachher erinnerte er sich mit Vergnügen einzelner Scenen und der darin auftretenden Personen.

Seinem Wunsch, auch mit der innern Einrichtung des Theaters bekannt zu werden, kam ein französischer Knabe, Derones mit Namen, zuvor, der ihn auf die Bühne und in die Garderobe führte. Der Uebermuth und die Prahlerei seines jungen Freundes ward ihm jedoch bald so lästig, daß zwischen beiden ein sehr gespanntes Verhältniß eintrat, welches sogar eine Herausforderung und ein Duell in ächt theatralischer Weise, dann aber wieder eine aufrichtige Versöhnung zur Folge hatte. Erleichtert ward ihm dadurch sein häufiger Theaterbesuch, den aber sein Vater sehr lebhaft mißbilligte. Die Bühne, meinte er, habe durchaus keinen Nutzen. Goethe bot seinen ganzen Scharfsinn auf, ihn vom Gegentheil zu überzeugen. Lessing's Trauerspiel, Miß Sara Sampson, der Kaufmann von London und ähnliche Stücke lieferten ihm die Beweise, wie das Laster im Glück, die Tugend im Unglück durch die poetische Gerechtigkeit wieder ausgeglichen werde. Dieser Behauptung, gegen die er nichts einzuwenden vermochte, stellte Goethes Vater den Einwurf entgegen, daß die in die theatralischen Vorstellungen oft verwebten Schelmstreiche und Betrügereien auf das unverdorbene Gemüth der Jugend nicht anders als nachtheilig wirken könnten. Wenn ihn irgend etwas mit der Bühne versöhnen konnte, so war es die Bemerkung, daß sein Sohn dadurch seine französischen Sprachkenntnisse vermehrte.

Diese Kenntnisse benutzte Goethe zum Entwurf eines dramatischen Products, in welchem meistens allegorische Personen, wie Jupiter, Merkur und andere Götter mit ihren bekannten Attributen auftraten. Das Stück bestand größtentheils in Reminiscenzen aus Ovid's Metamorphosen. Seine Autoreitelkeit fühlte sich jedoch gekränkt, als der unlängst erwähnte französische Knabe, welchem er sein Product mitgetheilt und ihn um sein Urtheil gebeten, sich erlaubte, mehrere Stellen, ja ganze Scenen zu streichen. Für Goethe hatte dies Verfahren den Nutzen, daß er mit der französischen Dramaturgie, gegen deren Regeln er gefehlt haben sollte, sich näher bekannt machte. Zu diesem Zweck las er Corneille's Abhandlung über die Aristotelische dreifache Einheit, und studirte Racine's Werke, die ihm zum Theil schon bekannt waren, da er einige Jahre früher auf einem Kindertheater in dem Trauerspiel Brittannicus den Nero gespielt hatte. Bei seiner immer noch sehr mangelhaften Kenntniß des Französischen förderten ihn jedoch diese Studien äußerst wenig, und er gab sie wieder auf, als er nicht ohne Mühe die Vorreden gelesen hatte, in denen Corneille und Racine sich gegen die Kritiker und das Publikum vertheidigten.

Entschieden regte sich in dem Knaben der in spätern Jahren wachsende Trieb, mancherlei Naturgegenstände, deren innere Beschaffenheit sich dem Auge entzog, näher kennen zu lernen. Er zerpflückte Blumen, um zu sehen, wie die Blätter in ihren Kelch eingefügt waren. Seine jugendliche Neugier und Forschungslust beschäftigte sich mit den verschiedenartigsten Gegenständen. Er bewunderte die geheime Anziehungskraft des Magnet's, und ermüdete nicht, jene ihm unerklärliche Wirkung an Feilspänen und Nähnadeln zu erproben. Mit Hülfe eines alten Spinnrades und einiger Arzneigläser versuchte er fruchtlos den Effect einer Electrisirmaschine hervorzubringen. Weniger aus eigner Neigung, als aus Gefälligkeit gegen seinen Vater, unterzog er sich dann und wann der Wartung und Pflege der im elterlichen Garten gehegten Seidenwürmer.

Dieser geschäftige Müssiggang behagte ihm mehr, als der Unterricht im Englischen, zu welchem er von seinem Vater mit Strenge angehalten ward. Indeß gelangte er durch Fleiß in kurzer Zeit zu einer ziemlichen Fertigkeit im Englischen. Auch seine übrigen Sprachstudien vernachlässigte er nicht ganz. Seinem Wunsche, hebräisch zu lernen, um das Alte Testament in der Ursprache lesen zu können, gab Goethe's Vater seine Zustimmung. Durch den Magister Albrecht in der genannten Sprache unterrichtet, machte er darin ziemlich rasche Fortschritte.

Wichtig und einflußreich wurden Goethe's Bibelstudien besonders dadurch, daß sie ihn zu einem epischen Gedicht begeisterten. Den Stoff dazu fand er in der Geschichte Josephs. Ueber die Form jedoch war er lange Zeit mit sich nicht einig. Nach reiflicher Ueberlegung wählte er die Prosa. Von jenem Gedicht, das einen ziemlichen Umfang gewann, hat sich nicht einmal ein Fragment erhalten. Auch manche lyrische Poesien, unter andern mehrere Gedichte in Anakreons Manier, gingen verloren. Einigen geistlichen Oden und andern religiösen Dichtungen, unter andern einer "Höllenfahrt Christi", zollte Goethe's Vater besondern

Beifall. Auch durch mehrere Predigtauszüge, die er Sonntags in einem verborgnen Kirchstuhl entwarf, empfahl Goethe sich seinem Vater, zog sich jedoch seine lebhafte Mißbilligung zu, als er jene Arbeit wieder saumseliger betrieb und zuletzt gänzlich unterließ.

Seinen Sohn zu einem tüchtigen Juristen zu bilden, war ein väterlicher Lieblingswunsch. Goethe erhielt von seinem Vater ein in catechetischer Form abgefaßtes Büchlein. Dadurch sollte ihm das Studium des Corpus Juris erleichtert werden. Er erlangte auch ziemliche Gewandtheit im Aufschlagen einzelner Stellen, vermochte jedoch, als er später das Struvische Compendium erhielt, der Rechtswissenschaft keinen sonderlichen Geschmack abzugewinnen. Damit es ihm nicht an der nöthigen körperlichen Bewegung fehlen möchte, ließ sein Vater ihn das Fechten, späterhin auch die Reitkunst lernen. Es war im Herbst 1761, als er auf die Reitbahn geschickt ward. Seines Lehrers pedantische Methode war jedoch nicht geeignet, ihn für die Reitkunst besonders zu interessiren.

Der Dichtkunst war Goethe nicht untreu geworden. Eine für einen Jugendfreund geschriebene poetische Epistel, die sich leider nicht erhalten hat, empfahl sich durch ihre innere Wahrheit und Naivität, und hob jeden Zweifel, der über sein poetisches Talent noch obwalten konnte. Sein Product in mehreren Händen zu sehen, schmeichelte seiner jugendlichen Eitelkeit. Er theilte es daher mehreren jungen Leuten mit, die er zufällig kennen gelernt hatte. Die nähere Berührung, in die er mit ihnen trat, ward um so entscheidender für ihn, da sich daran ein Liebeshandel mit einem jungen Mädchen knüpfte, deren Namen er späterhin in seinem "Faust" verewigte. Seinem Stande nicht angemessen und für seine sittlichen Grundsätze von keinem wohlthätigen Einflusse war der Kreis, in den er eingetreten war, und der ihn von seiner geregelten Lebensweise entfernte und zu manchen Abentheuern und jugendlichen Uebereilungen verlockte. Nach seinen eignen Aeußerungen in spätern Jahren bestand jener Kreis aus jungen Menschen, sämmtlich älter als er, die der mittlern und niedern Volksklasse angehörend, mit oberflächlichen Schulkenntnissen, durch Abschreiben, durch Besorgung kleiner Geschäfte für die Kaufleute und Mäkler sich einen nothdürftigen Erwerb sicherten. Ihr zweideutiger Ruf war ihm unbekannt, und ein Licht darüber ging ihm erst auf, als seine Eltern ihn über den gewählten Umgang und seinen jugendlichen Leichtsinn die bittersten Vorwürfe machten. Ein tiefes Gefühl von Scham ergriff ihn, als er erfuhr, daß seine Genossen zum Verfälschen von Papieren, zur Nachahmung von Handschriften und andern sträflichen Handlungen ihre Zuflucht genommen hatten.

Von der trostlosen Stimmung, in die er dadurch versetzt ward, konnte ihn nur Fleiß und Thätigkeit befreien. Er hatte aber auch noch manches nachzuholen, um sich zur Universität vorzubereiten, die er bald beziehen sollte. Ein weites Feld zu mannigfachen Betrachtungen eröffneten ihm seine fortgesetzten philosophischen Studien, größtentheils nach Brucker's Compendium. Dieser Beschäftigung ward er wieder untreu, als der eintretende Frühling ihn in die freie Natur lockte. Mit seinen Freunden besuchte er die in der Umgegend von Frankfurt gelegenen Vergnügungsorte. Noch mehr aber behagte ihm, in seiner Gemüthsstimmung die Einsamkeit der Wälder. In dem dunkeln Schatten alter Eichen und Buchen weilte er am liebsten. Unwillkührlich regte sich in ihm wieder der schon früh im elterlichen Hause erwachte Trieb, nach der Natur zu zeichnen. Alles, was er sah, gestaltete sich ihm zum Bilde. Fühlbar aber ward ihm bald, daß ihm nur die Gabe verliehen war, die ihm entgegentretenden Gegenstände im Ganzen aufzufassen. Zum Zeichnen des Einzelnen schien ihn die Natur aber so wenig bestimmt zu haben, als zum betreibenden Dichter. Demungeachtet setzte er seine Uebungen mit einer gewissen Hartnäckigkeit fort. Er ermüdete nicht in der schwierigen Zeichnung eines alten Baumstammes, an dessen gekrümmte Wurzeln sich blühende Farrenkräuter hingen.

Mit Goethe's Skizzen, so unvollkommen sie auch seyn mochten, war sein Vater im Allgemeinen zufrieden, wenn er auch Einzelnes daran tadelte. Gern ließ er seinen Sohn umherstreifen, weil er von solchen Ausflügen eine neue Zeichnung erwartete. Zu Fußwanderungen mit einigen Freunden gönnte er ihm völlige Freiheit. Einen besondern Reiz hatten für Göthe [Goethe] die Gebirgsgegenden. Er besuchte Homburg, Kroneburg, bestieg den Feldberg und Königsstein, verweilte einige Tage in Wiesbaden und Schwalbach, und kam bis an den Rhein. Den jugendlichen Sinn, der sich mehr in der großen Natur, als in abgeschlossenen Räumen gefiel, konnte Mainz nicht fesseln. Einen erfreulichen Eindruck auf Goethe machte die anmuthige Lage von Biberich. Von da kehrte er in seine Vaterstadt zurück, mit einer ziemlich reichen Ausbeute von landschaftlichen Skizzen und Zeichnungen der verschiedensten Art, unter denen manche seines Vaters Beifall erhielten, andere jedoch auch scharf von ihm getadelt wurden.

Dadurch verstimmt, schloß sich Goethe enger an seine Mutter an, die ihm mehr Milde und Nachsicht bewies, und selbst noch jugendlich, mit seinen Gefühlen und Lebensansichten mehr harmonirte, als der ernster gestimmte Vater. Ein fast noch innigeres Verhältniß bestand zwischen Goethe und seiner ungefähr ein Jahr jüngern Schwester Cornelia. Gemeinschaftliches Spiel und Lernen in den Jahren der Kindheit hatte späterhin, als sich beider physische und geistige Kräfte entwickelten, ein festes Vertrauen und eine wahrhaft geschwisterliche Liebe erzeugt. Goethe ward von seiner Schwester zum Vertrauten aller ihrer Empfindungen und Herzensangelegenheiten gewählt. Ziemlich gut bestand er im Allgemeinen, als sein Vater seine Kenntnisse in einzelnen Materien der Jurisprudenz prüfte. Mehrere wissenschaftliche Fächer beschäftigten seinen strebenden Geist, vorzüglich die Geschichte der ältern Literatur. Durch das fortgesetzte Studium von Geßners Isagoge und Morhofs Polyhistor, gerieth er fast auf den Irrweg, selbst ein Vielwisser zu werden. Sein Tag und Nacht fortgesetzter Fleiß drohte ihn eher zu verwirren, als wahrhaft zu bilden. Bayle's historisch-kritisches Wörterbuch führte ihn vollends in ein Labyrinth, aus welchem er sich kaum wieder herauszufinden wußte. Von der großen Wichtigkeit einer gründlichen Sprachkenntniß hatte er sich längst überzeugt. Das Hebräische war allmälig in den Hintergrund getreten. Auch Goethe's Kenntnisse in der griechischen Sprache reichten nicht viel weiter, als zum Verständniß des Neuen Testaments im Urtexte. Ernstlicher hatte er sich mit dem Lateinischen beschäftigt. Er war, obschon er keinen grammatikalischen Unterricht genossen, ziemlich bewandert in den römischen Classikern.

Unter diesen Sprachstudien regte sich wieder in ihm der nie ganz schlummernde Trieb poetischer Nachbildung. Seine Productionskraft, die Leichtigkeit, womit er die Erzeugnisse seines Geistes niederschrieb, hatte sich vermehrt. Jugendliche Eitelkeit ließ ihn seine poetischen Producte mit einer gewissen Vorliebe betrachten. Der Tadel, den sie mitunter erfuhren, raubte ihm nicht die Ueberzeugung, künftig wohl Geisteserzeugnisse zu liefern, die sich mit denen eines Gellert, Uz, Hagedorn und andern damals hochgefeierten Dichtern messen könnten. Aber die poetische Laufbahn, so viel Lockendes sie auch für ihn hatte, schien ihm doch zu schwankend und unsicher, um sie zu seinem künftigen Lebensberuf zu wählen. Ein akademisches Lehramt lag im Bereich seiner Wünsche. Dazu wollte er sich fähig machen, um zur Bildung Anderer, wie zu seiner eigenen, etwas beitragen zu können.

Viel Lockendes hatte für Goethe der Aufenthalt in Göttingen, wo Heyne, Michaelis und andere berühmte Männer lehrten. Sein Vater bestand jedoch darauf, daß er seine akademische Laufbahn in Leipzig beginnen sollte. Wiederholt schärfte er ihm zugleich ein, seine Zeit auf's Zweckmäßigste zu benutzen. Von seinem Vater ward er hierin so ausführlich belehrt, daß er, ohnedies verstimmt durch das Aufgeben eines Göttinger Lieblingsplans, beinahe den Entschluß faßte, in seiner Studien- und Lebensweise seinen eignen Weg zu verfolgen. Diese Idee schien ihm nicht blos romantisch, sondern auch ehrenvoll. Er dachte an seinen Landsmann Griesbach, der einen ähnlichen Weg einschlagen und sich als gelehrter Theolog und Schriftsteller einen allgemein geachteten Namen erworben hatte.

Immer näher rückte indeß die Zeit, wo Goethe Frankfurt verlassen sollte. Begleitet von den Glückwünschen seiner Eltern und Freunde, fuhr er im October 1765 nach Leipzig. Seine Reisegenossen waren der in Frankfurt ansässige Buchhändler Fleischer und dessen Gattin, eine Tochter des damals geschätzten Dichters Triller, die ihren Vater in Wittenberg besuchen wollte. Die Jahreszeit, in der Goethe seine Reise antrat, war höchst unfreundlich. Durch den fast ununterbrochenen Regen waren die Wege fast unfahrbar geworden, und in der Gegend von Auerstadt blieb der Wagen völlig stecken. Es war die Zeit der Messe, als er in Leipzig ankam. In der sogenannten Feuerkugel, zwischen der Universitätsstraße und dem Neumarkt, bezog Goethe zwei nach dem Hofe hinaus gelegene Zimmer, die er während der Messe gemeinschaftlich mit seinem Reisegefährten, dem Buchhändler Fleischer, später jedoch allein bewohnte.

In dem Hause des Professors Böhme, der Geschichte und Staatsrecht lehrte, fand Goethe, nachdem er seine Empfehlungsbriefe abgegeben, eine freundliche Aufnahme. Als er jedoch seine Abneigung gegen die Jurisprudenz sich merken ließ, und mit dem Plan hervortrat, sich den alten Sprachen und schönen Wissenschaften widmen zu wollen, mißbilligte Böhme, der die Dichter, selbst den allgemein gefeierten Gellert nicht leiden konnte, dies übereilte Vorhaben. Dringend empfahl er das Studium der römischen Alterthümer und der Rechtsgeschichte, und schloß seine

Ermahnungen mit der Bitte, den gefaßten Entschluß reiflich zu überlegen. Seine Ueberredung wirkte. Goethe gab seinen Plan auf, und entschied sich für die Jurisprudenz. Nach Böhme's Rath sollte er zuerst Philosophie, Rechtsgeschichte und die Institutionen hören. Er ließ sich jedoch, ungeachtet der Abneigung Böhme's gegen Gellert, nicht abhalten, auch dessen Auditorium zu besuchen, besonders die Collegien über Literaturgeschichte, die jener hochgefeierte Mann nach Stockhausens bekanntem Compendium las. Nach der Schilderung, welche Goethe in spätern Jahren von Gellert entwarf, war er von Gestalt nicht groß, schwächlich, doch nicht hager. Er hatte sanfte, fast traurige Augen, eine sehr schöne Stirn, eine nicht übertriebene Habichtsnase, einen feinen Mund und ein gefälliges Oval des Gesichts, was, verbunden mit der Freundlichkeit in seinem Benehmen, einen angenehmen Eindruck machte.

Durch die Vorlesungen, die Goethe, wenigstens anfangs, sehr regelmäßig besuchte, ward er nicht sonderlich gefördert. In den philosophischen Collegien fand er nicht die gehofften Aufschlüsse über einzelne, ihm dunkle Materien. Er ward bald nachlässig im Nachschreiben seiner Hefte. Sie wurden immer unvollständiger, besonders in den philosophischen Collegien, die der Professor Winkler las. Auch die juristischen Vorlesungen behagten ihm nicht lange. Was durch ein wissenschaftliches System in enge, schroffe Grenzen, in dürre Begriffe ohne Leben eingeschlossen worden war, konnte seinem poetisch gestimmten Gemüth nicht zusagen.

Zu diesem Zwiespalt mit dem starren Facultätswesen und dem Geiste der akademischen Vorlesungen gesellten sich noch kleine Unannehmlichkeiten des Lebens, die ihm, verbunden mit seinen unbefriedigten Erwartungen, den Aufenthalt in Leipzig verleideten. Er mußte hier und da manchen Spott hören über seine altmodische Kleidung, die er aus dem elterlichen Hause mitgebracht hatte. Diese Kleidung mit einer andern zu vertauschen, die den Anforderungen der Mode mehr entsprach, ward Goethe erst veranlaßt, als er in einem damals sehr beliebten Lustspiel von Destouches den Herrn von Masuren in einem ähnlichen Tressenkleide, wie er selbst es trug, auftreten sah. Auch sein fremder Dialekt ward ein Gegenstand des Spotts. Unmuthig darüber, blieb er aus geselligen Cirkeln weg, in die er eingeführt worden war. Die Gattin des Professors Böhme, eine vielseitig gebildete Frau, in der er eine zweite Mutter fand, machte ihm seine Verstöße gegen die feine Lebensart bemerklich. Auch auf seinen ästhetischen Geschmack übte sie, wenn auch nur negativ, einen wohlthätigen Einfluß aus, indem sie dazu beitrug, ihm Gottsched's und seiner Anhänger Poesie zu verleiden. Ihr scharfes Urtheil über talentvolle Dichter, unter andern ihren bittern Tadel des von Weiße geschriebenen Lustspiels: "die Poeten nach der Mode," konnte Goethe, dem dieß Stück sehr gefiel, ihr nicht verzeihen. Seine eigene Autoreitelkeit fühlte sich verletzt durch ihre Aeußerungen über einige seiner lyrischen Gedichte, die er ihr anonym mittheilte.

Kaum seinen Ohren traute Goethe, als er hörte, wie Gellert in einem seiner Collegien seine Zuhörer vor der Dichtkunst warnte, und sie zu prosaischen Ausarbeitungen aufforderte. Demungeachtet wagte Goethe, ihm einige seiner poetischen Versuche zu zeigen, die er, wie alle übrigen, mit rother Dinte corrigirte und die zu große Leidenschaftlichkeit in Styl und Darstellung, mitunter auch einige psychologische Verstöße tadelte. Eine scharfe Rüge, die seinen Lieblingsdichter Wieland traf, machte ihn so irre an seinem poetischen Talent, daß er in seinem Unmuth eines Tages alles, was er in Versen und Prosa geschrieben, den Flammen übergab. Ihn in seinem poetischen Streben zu fördern war der damalige Zustand der schönen Literatur in Deutschland nicht sonderlich geeignet. Aus den Dichtern, die Goethe sich hätte zum Muster nehmen können, aus Gellert, Lessing, Klopstock, Wieland u. A. blickte eine zu entschiedene Individualität hervor. Vor sclavischer Nachahmung bewahrte ihn sein besseres Gefühl. Was die Poesie der genannten Dichter Vortreffliches hatte, glaubte er nicht erreichen zu können; aber er fürchtete, in ihre Fehler zu verfallen. Er hatte zu sich und seinem Talent das Vertrauen verloren, und fand es erst wieder in dem Umgange mit mehreren gebildeten und kenntnisreichen jungen Männern, zu denen unter andern sein Landsmann und nachheriger Schwager Schlosser gehörte, der damals als geheimer Secretär des Herzogs Ludwig von Würtemberg diesen Fürsten nach Leipzig begleitet hatte.

Durch Schlosser, der als Schriftsteller nicht unrühmlichbekannt war, erhielt Goethe Zutritt zu manchen gelehrten und einflußreichen Männern. Auch mit Gottsched, dem damaligen Tonangeber des ästhetischen Geschmacks, dessen Aussprüche, seinem Antagonisten Breitinger zum Trotz, noch immer als Orakel galten, ward Goethe auf die erwähnte Weise bekannt. Er fand ihn im ersten Stockwerk des goldnen

Bären, welches ihm von seinem Verleger Breitkopf, aus Erkenntlichkeit für den großen Absatz seiner Schriften, zur lebenslänglichen Wohnung eingeräumt worden war. In einem Schlafrock von grünem Damast, mit rothem Taft gefüttert, trat Gottsched, wie Goethe in spätern Jahren erzählte, ihm und Schlosser entgegen. In demselben Augenblicke aber eilte ein Diener herbei, und reichte ihm eine große Perücke, um sein kahles Haupt zu bedecken. Der Saumselige bekam jedoch eine tüchtige Ohrfeige, worauf Gottsched mit großer Ruhe und Gleichgültigkeit die beiden Fremden zum Sitzen nöthigte und sich mit ihnen in ein Gespräch einließ, das meistens literarische Gegenstände betraf.

Die beliebtesten englischen Autoren sich zum Muster zu wählen, hielt Goethe für das wirksamste Mittel, um sich von dem seichten Geschmack Gottsched's und seiner Schule frei zu erhalten. Aber auch zu einem gründlichen Studium der bessern deutschen Schriftsteller, die der Literatur eine neue Richtung gaben, ward Goethe durch den Umgang mit mehreren vielseitig gebildeten jungen Männern geführt, zu denen, außer einigen gebildeten Livländern, ein Bruder des Dichters Zachariä, der nachherige Privatgelehrte Pfeil und der durch seine geographischen und genealogischen Compendien bekannte Schriftsteller Krebel gehörten. Fleißig las Goethe in Lessings, Gleims, Hallers, Ramlers u. A. Schriften. Keiner dieser Dichter aber raubte ihm die Vorliebe für Wieland. Den Eindruck, den das Lehrgedicht "Muserion" damals auf ihn gemacht, schilderte er in spätern Jahren mit den Worten: "Hier, in diesem Gedicht war es, wo ich das Antike lebendig und neu vor mir zu sehen glaubte. Alles, was in Wielands Natur plastisch war, zeigte sich hier aufs Vollkommenste, und da der zu unglückseliger Nüchternheit verdammte Phanias-Timon sich zuletzt wieder mit seinem Mädchen und mit der Welt versöhnte, so mochte ich die menschenfeindliche Epoche wohl mit ihm durchleben."

Ein flüchtiges Interesse nahm Goethe an der lange dauernden literärischen Fehde, welche die Verschiedenheit religiöser Meinungen zwischen den beiden Leipziger Professoren Ernesti und Crusius hervorrief. Jener ging bekanntlich in der biblischen Hermeneutik von allgemeinen philologischen Grundsätzen aus, während Crusius zu einer mystischen Erklärungsweise der heiligen Schrift sich hinneigte. Lebhafter, als für diese theologische Polemik, interessirte sich Goethe, neben seiner Beschäftigung mit der Dichtkunst und den schönen Wissenschaften, für die eifrigen Bemühungen Jerusalems, Zollikofers, Spaldings und anderer berühmten Theologen, in Predigten und Abhandlungen der Religion und Moral aufrichtige Verehrer zu verschaffen. Zurückgeschreckt durch die barocke Schreibart der Juristen, bildete Goethe nach jenen Mustern, besonders nach Mendelssohn und Garve, seinen Styl.

Poetischen Stoff sammelte er auf einsamen Spaziergängen durch das Rosenthal, nach Gohlis und andern benachbarten Orten. Zu einer Idylle, auf die er noch in spätern Jahren einigen Werth legte, begeisterte ihn Annette, die Tochter eines Wirths, bei welchem er mit mehreren Freunden seinen Mittagstisch hatte. Ueber sein Liebesverhältniß entwarf Goethe in spätern Lebensjahren eine anziehende Schilderung in den Worten: "Ich war nach Menschenweise in meinen Namen verliebt, und schrieb ihn, wie junge Leute zu thun pflegen, überall an. Einst hatte ich ihn auch sehr schön und genau in die glatte Rinde eines Lindenbaums geschnitten. Den Herbst darauf, als meine Neigung zu Annetten in ihrer besten Blüthe war, gab ich mir die Mühe, den ihrigen oben darüber zu schneiden. Indeß hatte ich gegen Ende des Winters, als ein launischer Liebhaber, manche Gelegenheit vom Zaun gebrochen, sie zu quälen und ihr Verdruß zu machen. Im Frühjahr besuchte ich zufällig die Stelle. Der Saft, der mächtig in die Bäume trat, war durch die Einschnitte, die ihren Namen bezeichneten, und die noch nicht verharrscht waren, hervorgequollen, und benetzte mit unschuldigen Pflanzenthränen die schon hart gewordenen Züge des meinigen. Sie hier über mich weinen zu sehen, der ich oft durch mein Benehmen ihre Thränen hervorgerufen hatte, versetzte mich in Bestürzung. In Erinnerung meines Unrechts und ihrer Liebe kamen mir selbst die Thränen in die Augen. Ich eilte, ihr Alles doppelt und dreifach abzubitten, und verwandelte jenes Ereigniß in eine Idylle, die ich niemals ohne Rührung lesen oder Andern mittheilen konnte."

Aus der poetischen Gattung, zu der jenes Gedicht gehörte, ward Goethe bald wieder auf die dramatische Dichtkunst hingewiesen durch den tiefen und bleibenden Eindruck, den Lessings Minna von Barnhelm auf ihn machte. Dieß ganz eigentlich aus dem Leben gegriffene Lustspiel von ächtem Nationalgehalt, lenkte seinen Blick zugleich auf die großen Weltereignisse des siebenjährigen Krieges. Neben dem bedeutenden Stoff bewunderte er besonders die concise Behandlung. Ein solches Muster zu erreichen, traute er sich nicht zu. Schon sein beschränkter Umgang mit vielseitig gebildeten Personen verhinderte ihn daran. In den eignen Busen mußte er greifen, wenn es ihm darum zu thun war, seinen Gedichten durch Empfindung oder Reflexion eine feste Basis zu geben. Fühlbar ward ihm wenigstens, daß er, um bei seinen poetischen Producten zu einer klaren Anschauung der einzelnen Gegenstände zu gelangen, aus dem Kreise, der ihn umgab und ihm ein Interesse einflößte, nicht heraustreten durfte. Solchen Ansichten verdankten mehrere lyrische Gedichte Goethe's, von denen sich jedoch nur wenige erhalten haben, ihre Entstehung. Goethe gab diesen Gedichten meistens die Form des Liedes, bisweilen auch ein freieres Versmaß. Es waren weniger Produkte einer sehr lebhaften Phantasie, als des ruhigen Verstandes, wofür schon die epigrammatische Wendung in einigen jener Gedichte zu sprechen schien. Unverändert blieb seinem Geiste die Richtung, Alles, was ihn erfreute, beunruhigte oder überhaupt in irgend einer Weise lebhaft beschäftigte, in ein poetisches Gewand zu kleiden. Seine Natur, die leicht von einem Extrem in's andre geworden ward, gelangte dadurch zu einer gewissen Ruhe.

Aus seinem, durch eigene Schuld, vorzüglich durch grundlose Eifersucht wieder aufgelösten Lebensverhältniß schöpfte Goethe die Idee zu seinem ersten dramatischen Werke. 1769 dichtete er sein Schauspiel: "die Laune des Verliebten", das er jedoch erst nach einer bedeutenden Reihe von Jahren dem Druck übergab. Seinem Inhalt nach war das Stück dem später gedichteten Schauspiel: "Erwin und Elmire" ähnlich, so wesentlich es sich von demselben durch die Form und Behandlungsart unterschied. Erhalten hat sich unter mehreren literarischen Entwürfen aus jener Zeit nur der Anfang einer in Alexandrinern verfaßten Uebersetzung von Corneille's Lustspiel: Le Menteur, unter dem Titel: "der Lügner", und außerdem das Fragment eines in Briefen zwischen "Arianne und Wetty" geschriebenen Romans. Man findet diese Bruchstücke in den neuerlich von A. Scholl herausgegebenen Briefen und Aufsätzen Goethes aus den Jahren 1766-1786. Vollendet ward von Goethe nur das Lustspiel: "Die Mitschuldigen." Er bedauerte in spätern Jahren, daß er über der ernsten Richtung in seinen ersten dramatischen Werken manchen heitern Stoff, den ihn das Studentenleben darbot, unbenutzt gelassen hatte. Seine Empfindungen legte er in einzelnen Liedern und Epigrammen nieder, die jedoch, nach seinem eignen Geständnisse in späterer Zeit, zu subjectiv waren, um außer ihn selbst, noch irgend Jemand zu interessiren.

Einen frühen Jugendeindruck erneuerte in Goethe Gellerts wiederholte und dringende Ermahnung an seine Zuhörer, sich dem öffentlichen Gottesdienste und dem Genuß des heiligen Abendmahls nicht zu entziehen. Etwas Furchtbares hatte für Goethe von jeher die neutestamentliche Vorstellung gehabt: wer das Sakrament unwürdig genösse, äße und tränke sich selbst den Tod. Von mannigfachen Gewissensscrupeln beunruhigt, hatte er sich der Abendmahlsfeier lange entzogen, und Gellerts Ermahnungen fielen ihm um so schwerer aufs Herz. Ueber die ernsten Betrachtungen, denen er sich eine Zeit lang überließ, siegte indeß bald wieder angeborner Humor und jugendlicher Leichtsinn.

Einflußreich und belehrend durch seine vielseitigen Sprach- und Literaturkenntnisse ward für Goethe die Bekanntschaft mit dem Hofmeister eines jungen Grafen von Lindenau. Er hieß Behrisch, und war, nach Goethes eigner Schilderung, ungeachtet seines redlichen Charakters und seiner vielen löblichen Eigenschaften, einer der größten Sonderlinge. Trotz der Würde seines äußern Benehmens war er immer zu allerlei muthwilligen Possen aufgelegt. Durch seine sarkastischen Bemerkungen weckte er in Goethe den Hang zur Satyre. Zur besondern Zielscheibe seines Witzes wählte sich dieser den Professor Clodius, der die stylistischen Vorlesungen übernommen, welche Gellert, seiner Kränklichkeit wegen, hatte aufgeben müssen. Durch den Tadel eines Gedichts, mit welchem Goethe die Hochzeit eines Oheims in Frankfurt verherrlichen wollte, hatte Clodius seine Autoreitelkeit verletzt. Gemeinschaftlich mit seinem Freunde Behrisch rächte sich Goethe durch lauten Spott über die mittelmäßigen Oden, mit denen Clodius mehrmals bei feierlichen Gelegenheiten hervorgetreten war. Die darin enthaltenen Kraftsprüche und Sentenzen benutzte Goethe zu einer Parodie. Es war ein an den damals sehr beliebten Conditor Händel gerichtetes Gedicht, welches zwar nicht gedruckt, doch bald in mehreren Abschriften verbreitet ward. Die Wirkung seiner Parodie verstärkte Goethe noch durch einen satyrischen Prolog, den er bald nachher zu dem von Clodius geschriebenen Lustspiel: "Medon oder die Rache des Weisen" dichtete. Nach seiner eignen Schilderung in spätern Jahren hatte Goethe in jenem Prolog Harlekin mit zwei Säcken auftreten lassen, mit moralisch-ästhetischem Sande gefüllt, den die Schauspieler den Zuschauern in die Augen streuen sollten.

Der eine Sack, äußerte Harlekin, sei mit Wohlthaten gefüllt, die nichts kosteten, der andere mit allerlei hochtrabenden Sentenzen, hinter denen nichts stecke. Darum möchten die Zuschauer ja die Augen zudrücken u.s.w.

Getrennt von seinem Freunde Behrisch, dem seine vielseitigen Kenntnisse die Stelle eines Erziehers des Erbprinzen von Dessau verschafft hatten, sank Goethe wieder aus Mangel an Selbstständigkeit in das vielfach bewegte und leidenschaftliche Treiben zurück, dem er durch Behrisch kaum entrissen worden war. Auf einen bessern Weg führte ihn das Studium der Kunst. Bei dem berühmten Oeser, der als Director der Leipziger Zeichnenakademie in dem alten Schlosse Pleißenburg wohnte, nahm Goethe Unterricht im Zeichnen. Durch die Betrachtung vorzüglicher Werke und Oesers geistreiche Bemerkungen darüber ward sein früh erwachter Kunstsinn wieder vielfach angeregt und genährt. Reichen Genuß verschafften ihm besonders die werthvollen Gemälde- und Kupferstichsammlungen mehrerer Leipziger Kunstfreunde. Er vermehrte dadurch seine Kenntnisse in einem Fache, worin er, nach einer Aeußerung in spätern Jahren, "einst die größte Zufriedenheit seines Lebens finden sollte." Von der bloßen Anschauung zum Denken erhob er sich durch das Studium der Schriften d'Argenville's, Christs, Winkelmanns u.A. Völlig klar ward ihm jedoch der Unterschied zwischen den bildenden und den Redekünsten erst durch Lessings Laokoon. Der Triumph des Schönen über das Häßliche zeigte sich ihm in der Vorstellung der Griechen, die sich den Tod als den Bruder des Schlafs und diesem bis zum Verwechseln ähnlich dachten.

Einen reinen Kunstgenuß bot ihm ein kurzer Aufenthalt in Dresden und die Betrachtung der dortigen Gemäldegallerie. Vielfache Belehrung verdankte er dem Inspector Riedel. Kurz vor seiner Rückreise nach Leipzig lernte er auch den Director der Kunstakademie, v. Hagedorn, einen Bruder des Dichters, persönlich kennen. In Leipzig fühlte Goethe, obgleich er jenen reichen Kunstgenuß dort entbehren mußte, nach seinem eignen Geständniß, sich ganz behaglich durch freundschaftlichen Umgang und einen Zuwachs an Kenntnissen. Beides fand er in dem Hause des Buchhändlers Breitkopf, der auf dem Neumarkt im silbernen Bären wohnte. Der älteste Sohn jenes Mannes spielte mit ziemlicher Fertigkeit die Violine, und componirte einige von Goethe's Gedichten, die ohne Angabe des Druckorts 1768 zu Leipzig in Quart erschienen. Oft wurden in Breitkopfs Hause, dessen zweiter Sohn ebenfalls musikalisch war, Concerte veranstaltet. Manchen Genuß und Nutzen schöpfte Goethe auch aus Breitkopfs auserlesener Bibliothek, welche vorzüglich an Werken reich war, die sich auf den Ursprung und die Fortschritte der Buchdruckerkunst bezogen.

Wichtig ward für Goethe die Bekanntschaft des aus Nürnberg gebürtigen Kupferstechers Stock, der ein Mansardzimmer im Breitkopfischen Hause bewohnte. Die Technik der Kupferstecherkunst hatte für Goethe einen so unwiderstehlichen Reiz, daß er der Begierde nicht widerstehen konnte, sich selbst in diesem Fache zu versuchen. Zur Zufriedenheit seines Lehrers Stock radirte er einige Landschaften nach Thiele und andern Künstlern. Erhalten haben sich aus jener Zeit noch zwei radirte Blätter Goethe's. Beide stellen Landschaften dar, mit kleinen Cascaden, umschlossen von Felsen und Grotten. An dem untern Rande beider Landschaften befinden sich die Worte. Peint par A. Thiele, gravé par Goethe. Das eine Blatt hatte Goethe mit den nachstehenden Worten seinem Vater gewidmet: Dedié à Monsieur Goethe, Conseiller actuel de S.M. Imperiale, par son fils très-obeissant. Das andere Blatt führt die Unterschrift: Dedié à Mr. le Docteur Hermann, Assesseur de la cour provinciale supréme de justice S. A. Elect. de Saxe et Sénateur de la ville de Leipsic, par son ami Goethe. Eine genaue und ausführliche Beschreibung der erwähnten Blätter lieferte ein Aufsatz Karl Buchner's im Morgenblatt vom Jahr 1828. No. 3-6.

Den der Gesundheit nachtheiligen Dünsten, die sich beim Aetzen von Kupferstichen entwickelten, gab Goethe eine gefährliche Brustbeklemmung schuld, die er sich aber auch wohl durch den zu reichlichen Genuß des Merseburger Biers und starken Kaffees zugezogen haben mochte. Der Organismus seiner Natur ward so heftig erschüttert, daß er einst Nachts von einem heftigen Blutsturz erwachte. Die ärztliche Hülfe des Doctor Reichel beschleunigte seine Genesung. Er ward wieder heiter gestimmt für den Umgang mit seinen Freunden, die er durch Kränklichkeit und üble Laune von sich gescheucht hatte.

Die Zeit, wo Goethe nach beendigten Studien wieder in das elterliche Haus zurückkehren sollte, war nahe. Kurz vor seiner Abreise ereignete sich ein Tumult zwischen den Studenten und Stadtsoldaten. Goethe hatte keinen Antheil an diesen Händeln. Mit jenem Nachklange akademischer Großthaten verließ er Leipzig im September 1768. Er hatte dort manche

Freundschaftsverhältnisse angeknüpft. Den Einfluß, den der Aufenthalt in Leipzig auf seine Bildung gehabt, konnte er nicht verkennen. Gestehen mußte er sich freilich, daß er den Aussichten und Hoffnungen seiner Eltern nicht sonderlich entsprochen. Er hatte sich ganz andern Studien gewidmet, als sein Vater wünschen mochte, der nur mühsam den Unmuth verbarg, seinen Sohn, der nun promoviren und die ihm vorgeschriebene Bahn durchlaufen sollte, noch nicht hinlänglich dazu vorbereitet, und überdieß geistig und körperlich leidend heimkehren zu sehen.

Goethe aber bereute nicht den selbst gewählten Pfad, und seine Dankbarkeit vergaß nie den Mann, der ihn zuerst darauf hingeleitet. Den 9. November 1768 schrieb er nach Leipzig an Oeser: "Was bin ich Ihnen nicht alles schuldig, daß Sie mir den Weg zum Wahren und Schönen gezeigt, daß Sie mein Herz für den Reiz fühlbar gemacht haben. Ich bin Ihnen mehr schuldig, als ich Ihnen danken könnte. Der Geschmack, den ich am Schönen habe, meine Kenntnisse, meine Einsichten, hab' ich die nicht alle durch Sie? Wie gewiß, wie einleuchtend wahr ist mir der seltsame, fast unbegreifliche Satz geworden, daß die Werkstatt eines großen Künstlers mehr den keimenden Philosophen, den keimenden Dichter entwickle, als der Hörsaal des Weisen und des Kritikers. Lehre thut viel, aber Aufmunterung thut Alles. Aufmunterung nach dem Tadel ist Sonne nach dem Regen, fruchtbares Gedeihen. Wenn Sie meiner Liebe zu den Musen nicht aufgeholfen hätten, ich wäre verzweifelt. Sie wissen, was ich war, als ich zu Ihnen kam, und was ich war, als ich von Ihnen ging. Der Unterschied ist Ihr Werk."

Als Göthe [Goethe] diesen Brief schrieb, war er unlängst genesen von einer gefährlichen Krankheit, die durch gestörte Verdauung und ein dadurch erzeugtes Asthma die lebhaftesten Besorgnisse seiner Eltern erregte. Unvergeßlich blieb ihm die liebreiche Pflege seiner Mutter und die zärtliche Theilnahme seiner Schwester Cornelia. Durch seine Krankheit allen irdischen Angelegenheiten entfremdet, wandte sich sein Geist dem Himmlischen zu. Mit der ganzen Wärme und Innigkeit seines Gefühls suchte er das Unsichtbare zu ergreifen. Wie ihn als Kind vorzugsweise das Alte Testament angesprochen, so beschäftigte er sich nun, von einem ähnlichen schwärmerischen Enthusiasmus ergriffen, mit den neutestamentlichen Schriften.

In dieser Geistesrichtung begegnete ihm eine seelenkranke Freundin seiner Mutter, ein Fräulein von Klettenberg, aus deren Unterhaltungen und Briefen Goethe später den Stoff hernahm zu den in seinem "Wilhelm Meister" enthaltenen "Bekenntnissen einer schönen Seele." Sein Verhältniß zu dem Fräulein von Klettenberg blieb, ungeachtet der schwärmerischen Richtung ihres Geistes, der dem irdischen Daseyn gänzlich entfremdet, sich nur mit dem ewigen Heil der Seele beschäftigte, doch nicht ohne Einfluß auf Goethe's moralische Veredlung. Jedenfalls hätte er indeß seine Zeit besser verwenden können, als zu dem Lesen von allerlei mystischen Schriften. Durch Theophrast, Paracelsus u. A. ward er in das Gebiet der Chemie geführt. Mit Hülfe eines kleinen Laboratoriums machte er, nach Anleitung des Boerhave'schen Compendiums einige chemische Experimente, die, so unvollkommen sie auch ausfielen, seine Kenntnisse in mannigfacher Weise bereicherten. Auch das Zeichnen, Aetzen und Radiren trat wieder in die Reihe seiner Lieblingsbeschäftigungen. Nach den mannigfachsten Richtungen schweifte seine Thätigkeit, die erst eine feste Basis gewonnen zu haben schien, als er sich wieder zu philosophischen Studien wandte.

Den Weg, den seine Bildung nahm, zeigte ein Brief an die Tochter seines Freundes Oeser, vom 13. Februar 1769. "Meine gegenwärtige Lebensart," schrieb Goethe, "ist der Philosophie gewidmet. Eingesperrt, allein, Cirkel, Papier, Feder und Dinte und zwei Bücher ist mein ganzes Rüstzeug; und auf diesem einfachen Wege komme ich der Erkenntniß der Wahrheit oft so nah und weiter, als Andere mit ihrer Bibliothekswissenschaft. Ein großer Gelehrter ist selten ein großer Philosoph, und wer mit Mühe viel Bücher durchblättert hat, verachtet das leichte, einfache Buch der Natur, und es ist nichts wahr, als was einfältig ist. Freilich eine Recommendation für die wahre Weisheit! Wer den einfältigen Weg geht, der gehe ihn, und schweige still. Demuth und Bedächtlichkeit sind die nothwendigsten Eigenschaften unserer Schritte darauf, deren jeder endlich belohnt wird. Ich danke es Ihrem lieben Vater, er hat meine Seele zuerst zu diesem Wege bereitet. Die Zeit wird meinen Fleiß segnen, daß er ausführen kann, was angefangen ist. Wenn man anders denkt, als große Geister, so ist es gewöhnlich ein Zeichen eines kleinen Geistes. Ich mag nicht gern Eins und das Andere seyn. Ein großer Geist irrt so gut wie ein kleiner; jener, weil er keine Schranken kennt, dieser, weil er seinen Horizont für die Welt nimmt. O meine Freundin, das Licht ist die Wahrheit, von der doch das Licht quillt. Die Nacht ist Unwahrheit. Und was ist Schönheit? Sie ist nicht Licht und nicht Nacht, Dämmerung, eine Geburt von Wahrheit und Unwahrheit, ein Mittelding. In ihrem Reiche liegt ein Scheideweg, so zweideutig, so schielend, ein Herkules unter den Philosophen könnte sich vergreifen."

In dankbarer Rückerinnerung an seinen "lieben Oeser" schrieb Goethe den 20. Februar 1770 an den Buchhändler Reich in Leipzig: "Nach Oeser und Shakspeare ist Wieland der Einzige, den ich für meinen ächten Lehrer erkenne. Andere hatten mir gezeigt, daß ich fehlte; diese zeigen mir, wie ich's besser machen sollte." Der erwähnte Brief enthielt zugleich einige charakteristische Bemerkungen über Wieland. "Mein Urtheil über den Diogenes von Sinope," schrieb Goethe, "werden Sie nicht verlangen. Empfinden und Schweigen ist Alles, was man bei dieser Gelegenheit thun kann, denn so gar loben soll man einen großen Mann nicht, wenn man nicht so groß ist, wie er. Aber geärgert hab' ich mich schon auf Wielands Rechnung, und ich glaube mit Recht. Wieland hat das Unglück, oft nicht verstanden zu werden. Vielleicht ist manchmal die Schuld sein, doch manchmal ist sie es nicht, und da muß man sich ärgern, wenn Leute ihre Mißverständnisse dem Publikum für Erklärungen verkaufen." Seine Verehrung Wielands sprach Goethe am Schlusse seines Briefes in den Worten aus. "Wenn Sie diesem großen Autor schreiben oder ihn sprechen, so haben Sie die Güte, ihm einen jungen Menschen bekannt zu machen, der zwar nicht Mann's genug ist, seine Verdienste zu schätzen, aber doch ein genug zärtliches Herz hat, sie zu verehren."

Wie geringen Werth Goethe seinen in Leipzig

entstandenen Gedichten beimaß, bewies er durch den ausgeführten Entschluß, den größten Theil derselben, bald nach seiner Ankunft in Frankfurt, den Flammen zu opfern. Auch mehrere unvollendete dramatische Werke traf dies Schicksal. Verschont blieben nur "die Laune des Verliebten" und "die Mitschuldigen." Das zuletzt genannte Stück erhielt noch einige Verbesserungen. Diese poetischen Beschäftigungen wurden unterbrochen durch seine nahe Abreise nach Straßburg. Dort sollte Goethe nach seines Vaters Wunsch, seine Studien vollenden und sich den juristischen Doctorhut erwerben. Noch immer gab Goethes Vater die Hoffnung nicht auf, aus seinem Sohne einen tüchtigen Rechtsgelehrten zu bilden.

Vom Münster betrachtete Goethe bald nach seiner Ankunft in Straßburg, die Stadt und die Umgegend. Er pries sein Schicksal, das ihm einen so anmuthigen Aufenthalt bestimmt hatte. An der Sommerseite des Fischmarktes, einer langen und sehr belebten Straße, bezog er eine freundliche Wohnung. Den Mittagstisch hatte er in einer sehr gebildeten Kaufmannsfamilie, an die er empfohlen worden war. Ein großer Theil der Studirenden in Straßburg widmete sich der Arzneikunde. Dadurch gewann auch Goethe ein Interesse an der Medicin. Im zweiten Semester hörte er Chemie bei Spielmann, und Anatomie bei Lobstein, ohne darüber sein Berufsfach, die Jurisprudenz, zu vernachlässigen. Mit Hülfe eines Repetenten, den ihm einer seiner Freunde, der Actuar Salzmann, empfahl, ergänzte Goethe, was ihm noch fehlte, um in dem juristischen Examen mit Ehren zu bestehen.

An Zerstreuung und Zerstückelung seiner Studien fehlte es ihm in Straßburg eben so wenig, wie während seines Aufenthalts in Leipzig. Lockend war für ihn das fröhliche Leben im Elsaß. Manchen Sommerabend brachte er mit einigen Freunden in öffentlichen Gärten und andern Lustorten zu. Auch unternahm er häufig Ausflüge, vorzüglich in die romantischen Gebirgsgegenden. Seine anmuthige Gestalt, sein offenes Wesen empfahlen ihn überall, und er gewann Zutritt zu den vornehmsten Cirkeln. Den Anforderungen des akademischen Lebens entsprach er durch seine Gewandtheit im Fechten. Aber auch dem Tanz und dem Kartenspiel, das er eigentlich nicht liebte, huldigte Goethe, um nicht gegen den feinen Gesellschaftston zu verstoßen.

Unstreitig das wichtigste Ereigniß während seines Aufenthalts in Straßburg war die persönliche Bekanntschaft mit Herder, der als Reisebegleiter des gemüthskranken Prinzen von Holstein-Eutin nach Straßburg kam. Einen lange gehegten Lieblingswunsch sah Goethe erfüllt, als ihm gegönnt war, sich dem berühmten Manne zu nähern, der durch seine "Fragmente zur deutschen Literatur", durch seine "kritischen Wälder" und andere Schriften das Interesse des gebildeten Publikums entschieden auf sich gelenkt hatte. In dem Gasthofe, wo Herder eingekehrt, machte ihm Goethe seine Aufwartung. Herder trug ein schwarzes Kleid und einen seidnen Mantel von gleicher Farbe. Sein gepudertes Haar war in eine runde Locke aufgesteckt, wodurch er einem Geistlichen ähnlich sah. Nach der Schilderung, welche Goethe in spätern Jahren von Herders Persönlichkeit entwarf, war "sein Gesicht rund, die Stirn bedeutend, die Nase etwas stumpf, der Mund ein wenig aufgeworfen, aber höchst individuell angenehm und liebenswürdig. Unter schwarzen Augenbrauen blitzten ein Paar kohlschwarze Augen hervor, die ihre Wirkung nicht verfehlten, ungeachtet das eine Auge roth und entzündet war, und von Lobstein operirt werden sollte."

Durch einen reichen Schatz von Lebenserfahrungen, verbunden mit einer eigenthümlichen Anziehungskraft, übte Herder, obgleich er nur fünf Jahre älter war als Goethe, auf diesen einen so unwiderstehlichen Reiz aus, daß er ihm mit Offenheit eine treuherzige Schilderung seiner Jugendbeschäftigungen und Liebhabereien entwarf. Herders scharfer Tadel und seine sarkastischen Bemerkungen vermochten ihn nicht in der Achtung herabzusetzen, die Goethe für ihn empfand. Er verdankte ihm einen großen Zuwachs an neuen Ideen und den mannigfachsten Kenntnissen. In einem ganz andern Lichte erschien ihm das Lieblingsbuch seiner Jugend, die Bibel, durch die von Herder in seinem Werke: "Vom Geist der hebräischen Poesie" gesammelten Blüthen morgenländischer Dichtkunst. Ueberall eröffnete ihm Herder einen freiern Blick in das große Gebiet der Literatur. Besonders ward Goethe durch ihn mit den vorzüglichsten Erzeugnissen der englischen Literatur bekannt. Einen noch entschiedeneren Einfluß würde Herder auf Goethe's Bildung gewonnen haben, wenn er seine unersättliche Wißbegierde nicht oft zurückgeschreckt hätte durch allerlei sarkastische Bemerkungen, die besonders Goethe's Selbstgefälligkeit und Eitelkeit trafen. Aus Furcht vor Herders Tadel verbarg ihm Goethe daher auch sein Interesse an poetischen Gegenständen, und namentlich die Idee, den biedern und tapfern Ritter Götz von Berlichingen zu einem dramatischen Helden zu wählen.

Zu dem Kreise, in welchem sich Goethe damals bewegte, gehörten außer Herder, noch einige andere, mehr oder minder ausgezeichnete Individuen. Der unter dem Namen Jung-Stilling bekannte Schriftsteller befand sich damals in Straßburg. Goethe rühmte in spätern Jahren an ihm seinen Enthusiasmus für alles Gute, Wahre und Rechte. "Unverwüstlich, äußerte Goethe, war sein Glaube an Gott und an eine unmittelbar von ihm ausgehende Hülfe. Sein Glaube duldete keinen Zweifel, und seine Ueberzeugung keinen Spott." Eine eigenthümliche Treuherzigkeit und ein leichter Humor charakterisirte, nach Goethe's eignem Geständniß, seinen Freund Franz Lerse. Seine Gewandtheit im Fechten qualificirte ihn zum Schieds- und Kampfrichter bei allen Händeln, die in der Studentenwelt sich nicht durch Worte und Erklärungen beseitigen ließen. Den Namen seines Freundes verewigte Goethe später in seinem "Götz von Berlichingen." Erst in der letzten Zeit seines Aufenthalts lernte er den als genialen Sonderling bekannten Dichter Lenz kennen, der später (1792) in Geisteszerrüttung zu Moskau starb. Die Excentricität Shakspeare's und den unvergleichlichen Humor des Britten zu empfinden und nachzubilden, war Niemand geeigneter, als Lenz, wie er durch seine Uebersetzung von Love's labour's lost und durch die derselben beigefügten Anmerkungen über das Theater bewies. Wie er, fühlte sich auch Goethe nicht zurückgestoßen durch die Derbheit in Shakspeare's Werken, vielmehr reichlich entschädigt durch die darin herrschende Wahrheit und Natur. In ihren geselligen Cirkeln bediente Goethe mit seinen Freunden sich der von Shakspeare gebrauchten Worte und Redensarten. Er ward ihr Vorbild im Dichten, wie im Leben.

Das früh in Goethe erwachte Gefühl für Naturschönheiten lockte ihn in die anmuthige Umgegend Straßburgs. Mit einigen dortigen Freunden besuchte er Zabern, Buchsweiler, Lützelstein, Saarbrück und andere Städte und Flecken im Elsaß. Auf diesen Excursionen lernte er mehrere Familien kennen, bei denen er eine gastfreie Aufnahme fand. Vorzüglich war dieß der Fall bei dem Pfarrer Brion in dem etwa sechs Stunden von Straßburg entfernten Dorfe Sesenheim. Ein besonderes Interesse erhielt diese Bekanntschaft für Goethe durch ein Liebesverhältnis zur dritten Tochter jenes Geistlichen. Nach übereinstimmenden Zeugnissen war Friederike Brion ein Mädchen von schönem Wuchs, blondem Haar und blauen Augen. Was ihr an äußern Reizen abging, ersetzte sie durch Anmuth in ihrem Wesen und durch das Talent geselliger Unterhaltung. Sie hatte ihren Geist durch das Lesen der besten Schrifsteller [Schriftsteller] gebildet, und war musikalisch. Oft durchwanderte Goethe mit ihr die anmuthige Gegend. Ein Buchenwäldchen war sein Lieblingsplatz. Gesellige Zerstreuungen, mitunter Pfänderspiele, bei denen Goethe durch seinen Witz und Humor glänzte, erheiterten den Kreis von Freunden und Verwandten in des Pfarrers Brion Wohnung zu Sesenheim, wenn Goethe, nach Straßburg zurückgekehrt, dort wieder erschien. Er verweilte mitunter mehrere Wochen in Sesenheim. Den Taumel von Zerstreuungen, in denen er sich befand, schilderten einzelne Stellen in seinen Briefen an den Actuar Salzmann in Straßburg.

"Getanzt hab' ich," schrieb er unter andern, "am Pfingstmontage von 2 Uhr nach Tisch bis zwölf Uhr in der Nacht, in einem fort, außer einigen Intermezzo's von Essen und Trinken. Wir hatten brave Schnurranten erwischt, da ging's wie Wetter. Das ganze Ich war in das Tanzen versunken." Er schadete durch das Uebermaß seiner Gesundheit. Geplagt von einem hartnäckigen Husten, schrieb er einige Tage später: "Man lebt doch nur halb, wenn man nicht Athem schöpfen kann. Und doch mag ich nicht in die Stadt zurück. Die Bewegung und freie Luft hilft wenigstens, was zu helfen ist." Nicht ohne einen Anflug von Trübsinn schloß er seinen Brief mit den Worten: "Die Welt ist schön, so schön! Wer's genießen könnte! Ich bin manchmal ärgerlich darüber, und manchmal halte ich mir erbauliche Erbauungsstunden über das Heute, über diese Idee, die unserer Glückseligkeit so unentbehrlich ist, und die mancher Professor der Ethik nicht faßt, und keiner gut verträgt."

Sein immer leidenschaftlicher gewordenes Verhältniß zu Friederiken fing an ihn zu beunruhigen. Goethe fühlte, daß es sich bald, vielleicht für immer auflösen mußte, da die Zeit seiner Abreise von Straßburg nahe war. Seine Besuche in Sesenheim wurden Seltener, aber sein Briefwechsel mit Friederiken dauerte fort. Goethes Zeit war freilich beschränkt. Er mußte an die Ausarbeitung seiner Dissertation denken, die ihm die juristische Doctorwürde verschaffen sollte. Das von ihm gewählte Thema war nach seiner eignen Aeußerung in spätern Jahren: "der Gesetzgeber sei nicht allein berechtigt, sondern verpflichtet, einen gewissen Cultus festzusetzen, von welchem weder die Geistlichkeit, noch die Laien sich lossagen dürften." Unter dem Vorsitz der Straßburger Professoren Koch und Oberlin fand die Disputation am 6. August 1771 statt. Einige von Goethes akademischen Freunden waren die Opponenten.

Mit Thränen nahm Friederike von ihm Abschied, als er ihr vom Pferde herab nochmals die Hand reichte. Sie hatte ihn wahrhaft geliebt. Sie soll später mehrere Heirathsanträge mit der Aeußerung zurückgewiesen haben: "wer einmal Goethe'n geliebt, könne keinen Andern lieben." Ein sonderbarer Zufall begegnete ihm nach jenem schmerzlichen Abschiede auf seinem Ritt nach Drusenheim. Seine eigene Gestalt glaubte er zu erblicken, die ihm zu Pferde entgegenkam, in einem hechtgrauen, mit Gold verbrämten Kleide, wie er es wirklich nach acht Jahren trug, als er noch einmal in Sesenheim einen Besuch machte. Friederike sah ihn seitdem nicht wieder. Sie soll jedoch, nach seinen brieflichen Aeußerungen, schon damals sich mit dem Gedanken vertraut gemacht haben, auf seinen Besitz zu verzichten.

Goethe's Empfang im elterlichen Hause übertraf seine Erwartungen. Erfreut, seinen Sohn durch die erangte Doctorwürde seinem künftigen Beruf um einen Schritt näher gerückt zu sehen, ließ Goethe's Vater den Beifall, den er der Dissertation gezollt, auch auf mehrere Gedichte, Aufsätze und Skizzen übergehen, die Goethe während seines Aufenthalts in Straßburg entworfen hatte. Von seinen Leipziger Bekannten fand Goethe in Frankfurt, außer seinem Landsmann und nachherigen Schwager Schlosser, auch dessen Bruder, einen tüchtigen Juristen, der nebenher der Poesie huldigte, und die Hochzeit von Goethe's Schwester Cornelia durch ein zu Frankfurt 1773 in Folio gedrucktes Gedicht verherrlichte.

Wichtig und einflußreich ward für Goethe die

Bekanntschaft mit Merk, der damals als Kriegszahlmeister in Darmstadt lebte, und mit mannigfachen Kenntnissen und einer vielseitigen Bildung, unerschütterliche Redlichkeit und einen offenen, geraden Charakter verband. Lebhaft interessirte er sich in mehrfacher Hinsicht für Goethe und dessen Talente, und väterlich warnte er ihn, seine Thätigkeit nicht nach den verschiedenartigsten Richtungen zu zersplittern. Er ermunterte ihn, seine Fähigkeiten und Kräfte zu concentriren, und tadelte ihn, wenn er eine begonnene literarische Arbeit wieder aufgab, und immer nur Skizzen und Fragmente lieferte. Unter solchen Aufmunterungen entwarf Goethe die ersten Umrisse zum "Faust" und "Götz von Berlichingen."

Durch die Beschäftigung mit dem zuletzt genannten dramatischen Werk war Goethe in das fünfzehnte und sechszehnte Jahrhundert zurückgeführt worden. Luthers Leben und Thaten, die in jenem Zeitraum so herrlich hervorglänzten, näherten ihn wieder der heiligen Schrift und der Betrachtung religiöser Gefühle und Meinungen. Er übte seinen Scharfsinn an dem Alten und Neuen Testament in exegetisch kritischen Untersuchungen. Zu einem besondern Studium machte er das Dogma von der Erbsünde. Ausführlich erörterte er diese Lehre in einem dem Druck übergebenen Briefe, den er unter der Maske eines Landgeistlichen an seinen Amtsbruder richtete. Ebenfalls angeblich von einem Landpfarrer in Schwaben verfaßt, war der von Goethe herausgegebene "Versuch einer gründlichen Beantwortung einiger bisher unerörterten biblischen Fragen." Ueber den Inhalt der zuletzt genannten Schrift legte Goethe selbst in spätern Jahren das offene Bekenntniß ab: "Ich gerieth damals auf die wunderlichsten Einfälle. Ich glaubte gefunden zu haben, daß nicht unsere zehn Gebote auf den Tafeln Moses gestanden, daß die Israeliten keine vierzig Jahre, sondern nur kurze Zeit durch die Wüste gewandert wären u.s.w. Auch das Neue Testament war vor meinen Untersuchungen nicht sicher. Ich verschonte es nicht mit meiner Sonderungslust, und glaubte auch in dieser Region allerlei Entdeckungen zu machen. Die Gabe der Sprachen am Pfingstfest in Glanz und Klarheit ertheilt, deutete ich mir auf eine etwas abstruse Weise, nicht geeignet, sich viele Theilnahme zu verschaffen." Die erwähnten kleinen Schriften, ein Verlagsartikel des Buchhändlers Eichenberg in Frankfurt am Main, erschienen 1773 ohne Angabe des Druckorts und Verlegers, und wurden in die neuesten Ausgaben von Goethe's Werken aufgenommen. Aus diesem Ideenkreise ward er wieder entfernt durch das wachsende Interesse an seinem Ritterschauspiel "Götz von Berlichingen." Manche historische Studien waren ihm dabei unerläßlich. Dem Werke von Datt: de pace publica verdankte er manche Aufklärung der dunkeln Zeitperiode, in der sein Stück spielte. Seine Stimmung, während er mit seinem dramatischen Werke beschäftigt war, schilderte er den 28. November 1771 in einem Briefe an seinen Freund, den Actuar Salzmann in Straßburg. "Sie kennen mich so gut," schrieb er, "und dennoch wett' ich, Sie errathen nicht, warum ich nicht schreibe. Es ist eine Leidenschaft, eine ganz unerwartete Leidenschaft; Sie wissen, daß mich dergleichen in ein Cirkelchen werfen kann, daß ich Sonne, Mond und die lieben Sterne darüber vergesse. Ich kann nicht ohne das seyn, Sie wissen es lange, und koste es was es wolle, ich stürze mich drein. Dießmal sind keine Folgen zu befürchten.

Mein ganzer Genius liegt auf einem Unternehmen, worüber Homer und Shakspeare und Alles vergessen werden. Ich dramatisire die Geschichte eines der edelsten Deutschen, rette das Andenken eines braven Mannes, und die viele Arbeit, die mich's kostet, macht mir einen wahren Zeitvertreib, den ich so nöthig habe. Es ist traurig, an einem Orte zu leben, wo unsere ganze Wirksamkeit in sich selbst summen muß. Ich ziehe mit mir selbst auf dem Felde und auf dem Papier herum. Es wäre aber eine traurige Gesellschaft, wenn ich nicht alle Stärke die ich in mir fühle, auf ein Object würfe, und das zu packen und zu tragen suchte, so viel mir möglich, und was nicht geht, das schleppe ich. Ich hoffe Sie nicht wenig zu vergnügen, wenn ich Ihnen einen edlen Vorfahren, die wir leider nur von ihren Grabsteinen kennen, im Leben darstelle. Wie oft wünsche ich Sie hierher, um Ihnen ein Stückchen Arbeit zu lesen und Urtheil und Beifall von Ihnen zu hören. Hier ist Alles um mich herum todt. Frankfurt bleibt [bleibt] das Nest, Nidus, wenn Sie wollen, wohl um Vögel auszubrüten, sonst auch figürlich Spelunca. Gott helfe aus diesem Elend, Amen." In einem spätern Briefe an Salzmann vom 3. Februar 1772 dankte Goethe dem Freunde für den Beifall, den er den ihm mitgetheilten Proben des Götz von Berlichingen zollte, und fügte hinzu. "Das Diarium meiner Umstände ist, wie Sie wissen, für den geschwindesten Schreiber unmöglich. Inzwischen haben Sie aus dem Drama gesehen, daß die Intentionen meiner Seele dauernder werden, und ich hoffe, sie soll sich nach und nach bestimmen. Aussichten erweitern sich täglich, und Hindernisse räumen sich weg. Ein Tag mag bei dem andern in die Schule gehen; denn einmal für allemal, die Minorennität läßt sich doch nicht überspringen."

So stark auch das Interesse an seinem dramatischen Werke seyn mochte, ließ sich doch der andere Eindruck auf Goethe's Gefühl dadurch nicht beschwichtigen. Tief ergriffen hatte ihn ein Brief aus Sesenheim. Er fühlte Friederikens Schmerz, ohne ihn lindern zu können. Losreißen mußte er sich von der düstern Stimmung, die sich seiner bemächtigte und seine ganze Thätigkeit zu lähmen drohte. Er bedurfte der Zerstreuung. Erst in der freien Natur fühlte er sich wieder wohler. Seine Freunde nannten ihn den Wanderer, weil er oft mehrere Tage in der Umgegend von Frankfurt umherstrich, und bisweilen selbst den Weg nach Darmstadt und Homburg einschlug. Auf diesen einsamen Wanderungen entstanden mehrere seiner lyrischen Poesieen, unter denen sich nur das Gedicht: "Wanderers Sturmlied", das er, während er einem furchtbaren Wetter entgegenging, vor sich hin recitirte, in seinen Werken erhalten hat. Bisweilen beschränkte er seine Streifzüge blos auf Frankfurt und die Vorstädte dieses Orts. Er kam dadurch mit den verschiedenen Ständen und Volksklassen in Berührung. In einem Briefe vom ersten Juni 1773 erzählte Goethe, wie er rüstig Wasser herbeigeschleppt, um ein Nachts in der Judengasse ausgebrochenes Feuer löschen zu helfen. "Die wundersamsten, innigsten, mannigfachsten Empfindungen", schrieb er, "haben mir meine Mühe auf der Stelle belohnt. Ich habe bei dieser Gelegenheit das gemeine Volk wieder kennen gelernt und bin überzeugt worden, daß es doch die besten Menschen sind."

Durch seine scheinbar zerstreute Lebensweise ward Goethe's Thätigkeit nicht unterbrochen. Wenigstens entging ihm keine der neuern literarischen Erscheinungen in dem Gebiete der Literatur. Von dem Eindruck, den Herders "älteste Urkunde des Menschengeschlechts" auf ihn gemacht, konnte er sich selbst kaum Rechenschaft geben. In einem Briefe an einen Freund des elterlichen Hauses, an den damals in Algier lebenden dänischen Consul Schönborn, vom 8. Juni 1773, nannte er Herder's Werk "ein so mystisch weitstrahlsinniges Ganze, eine in der Fülle verschlungener Aeste lebende Welt, daß weder eine Zeichnung nach verjüngtem Maßstabe einigen Ausdruck der Riesengestalt nachäffen, noch eine treue Silhouette einiger Theile melodisch und mit sympatethischem Klang in der Seele anschlagen könnte. Herder", fügte er hinzu, "ist in die Tiefen seiner Empfindung hinabgestiegen, hat darin alle die hohe heilige Kraft der simpeln Natur aufgewühlt, und führt sie nun in dämmerndem, wetterleuchtendem, hie und da morgenfreundlich lächelnden orphischem Gesange vom Aufgange herauf über die neue Welt, nachdem er vorher die Lasterbrut der neuern Geister, Deisten, Atheisten, Philologen, Textverbesserer, Orientalisten u. s. w. mit Feuer und Schwert und Fluthsturm ausgetilgt."

Mit dieser glühenden Begeisterung für Herder contrastirte ein in diesem Briefe enthaltener heftiger Ausfall gegen Wieland, der durch eine nicht sonderlich günstige Beurtheilung des Götz von Berlichingen im deutschen Merkur Goethe's Autoreitelkeit gekränkt hatte und dadurch in seiner frühern Achtung sehr gesunken war. Klopstock ward Goethe's Lieblingsdichter. Die Messiade hatte ihn schon in seiner Jugend begeistert. Sorgfältig schrieb er sich aber auch die einzelnen Oden und Elegien jenes Sängers ab, und freute sich sehr, als die Landgräfin Caroline von Hessen-Darmstadt die erste Sammlung von Klopstocks Gedichten veranstaltete. Auch für die von diesem Schriftsteller damals herausgegebene "Deutsche Gelehrtenrepublik" interessirte sich Goethe lebhaft. "Dies herrliche Werk", schrieb er, "hat mir neues Leben in die Seele gegossen. Die einzige Poetik aller Zeiten und Völker, die einzigen Regeln, die möglich sind! Das heißt Geschichte des Gefühls, wie es sich nach und nach festigt und läutert, und wie mit ihm Ausdruck und Sprache sich bilden. Und die biedersten Aldermans-Wahrheiten von dem, was edel und menschlich ist am Dichter, alles das aus dem tiefsten Herzen, eigenster Erfahrung, mit einer bezaubernden Simplicität hingeschrieben. Der unter den Jünglingen, den das Unglück unter die Recensentenschaar geführt hat, und der nun, wenn er dies Werk liest, nicht seine Feder wegwirft, alle Kritik und Kritelei verschwört, sich nicht wie ein Quietist zur Contemplation seiner selbst niedersetzt, aus dem wird nichts; denn hier fließen die beiden Quellen bildender Empfindung lauter aus dem Thron der Natur."

Eine der eigenthümlichsten Erscheinungen in der damaligen literarischen Welt war Lavater. Es hieß, er werde nach Frankfurt kommen. Diesen merkwürdigen Mann kennen zu lernen, war für Goethe von hohem Interesse. In einem Briefe an Schönborn vom 8. Juni 1773 beklagte er Lavater's "Mangel an selbstständigem Gefühl," und entwarf von ihm eine Art von Charakteristik in den Worten: "Die beste Seele wird von dem Menschenschicksal so innig gepeinigt, weil ein kranker Körper und ein schweifender Geist ihm die collective Kraft entzogen und so der besten Freude des Wohnens in sich selbst, beraubt hat. Es ist unglaublich, wie schwach er ist, und wie man ihm, der doch den schönsten, schlichtesten Menschenverstand hat, sogleich Räthsel und Mysterien spricht, wenn man aus dem in sich und durch sich lebenden und wirkenden Herzen redet."

Sein Urtheil über Lavater änderte Goethe, als er ihn bald nachher persönlich kennen lernte. "Er war", schrieb er den 4. Juli 1773, "vier Tage bei uns, und ich habe wieder gelernt, daß man über Niemand reden soll, wenn man ihn noch nicht gesehen hat. Wie ganz anders ward doch Alles! Lavater sagt so oft, daß er schwach sei, und ich habe noch Niemand gekannt, der schönere Stärken gehabt hätte, als er. In seinem Element ist er unermüdet thätig, fertig, entschlossen, und eine Seele voll der herrlichste Liebe und Unschuld. Ich habe ihn nie für einen Schwärmer gehalten, und er hat noch weniger Einbildungskraft, als ich mir vorstellte. Aber weil seine Empfindungen ihm die wahrsten, so sehr verkannten Verhältnisse der Natur in seine Seele prägen, er daher jede Terminologie wegwirft, aus vollem Herzen spricht und handelt, und seine Zuhörer in eine fremde Welt zu versetzen scheint, indem er sie in die ihnen unbekannten Winkel ihres eignen Herzens führt, — kann er dem Vorwurf eines Phantasten nicht entgehen. — Seine Physiognomik giebt ein weitläufiges Werk mit vielen Kupfern. Es wird große Beiträge zur bildenden Kunst enthalten, und dem Historien- und Portraitmaler unentbehrlich seyn."

Während Goethe die deutsche Literatur und ihre Vertreter mit scharfem Blick beobachtete, ruhte nicht seine eigene literarische Thätigkeit. Einige Auskunft über mehrere schriftstellerische Arbeiten gab er in einem Briefe an Schönborn vom 1. Juni 1773. "Allerlei Neues," schrieb er, "hab' ich gemacht. Eine Geschichte des Titels: Die Leiden des jungen Werthers, darin ich einen jungen Menschen darstelle, der mit einer tiefen reinen Empfindung und wahrer Penetration begabt, sich in schwärmende Träume verliert, sich durch Speculation untergräbt, bis er zuletzt durch dazu tretende Leidenschaften, besonders eine endlose Liebe zerrüttet, sich eine Kugel vor den Kopf schießt. Dann hab' ich ein Trauerspiel gearbeitet: Clavigo, eine moderne Anecdote dramatisirt, mit möglichster Simplicität und Herzenswahrheit. Mein Held ist ein unbestimmter, halb groß, halb kleiner Mensch, der Pendant zum Weislinger im Götz, vielmehr Weislinger selbst in der ganzen Rundung einer Hauptperson. Auch finden sich hier Scenen, die ich im Götz, um das Hauptinteresse nicht zu schwächen, nur andeuten konnte. Noch einige Pläne zu großen Dramen hab' ich gefunden und in meinem Herzen."

In diesem Briefe gestand Goethe, daß er "zwar nicht aus Frankfurt gekommen, doch ein so verworrenes Leben geführt habe, daß es ihm an neuen Empfindungen und Ideen nie gemangelt." Der Zeitpunkt war indeß nahe, wo er, nach seines Vaters Wunsch, Frankfurt wieder verlassen, und sich nach Wetzlar begeben sollte, um sich in dem dortigen Reichskammergericht in der juridischen Praxis zu üben. Dieser Ortswechsel hatte wenig Lockendes für ihn. Er fürchtete, daß in Wetzlar, außer dem Civil- und Staatsrecht, ihm nichts Wissenschaftliches entgegen treten, und daß besonders seine Liebe zur Poesie dort wenig Nahrung finden möchte. In letzterer Hinsicht sorgte das Schicksal für ihn, indem es ihm in Wetzlar zur Bekanntschaft Gotter's verhalf. Die entschiedene Vorliebe dieses Dichters für die französischen Dramatiker konnte Goethe zwar nicht theilen. Gleichwohl fand zwischen ihm und Gotter ein lebhafter Ideenaustausch statt. Durch seinen neuen Freund ward Goethe zu mehreren lyrischen Gedichten angeregt, die zum Theil, wie unter andern das treffliche Gedicht: "der Wanderer," in dem Göttinger Musenalmanach aufgenommen wurden. Dadurch kam Goethe in nähere Berührung mit dem Göttinger Dichterbunde, zu welchem die Grafen Stolberg, Voß, Bürger, Hölty u.A. gehörten. Die hohe Verehrung, welche die genannten Dichter Klopstock zollten, konnte Goethe nicht in gleichem Maße theilen. Seine frühere Begeisterung für den Sänger des Messias hatte eine Grenze gefunden, seit Klopstock in seinen Oden, statt der griechischen Mythologie, die Nomenclatur der nordischen Götterlehre eingeführt hatte.

Unter seinen mannigfachen poetischen Beschäftigungen, besonders einem eifrigen Studium des Homer, ward Goethe durch täglich wiederkehrende Gespräche über den Zustand des Visitationsgerichts und über so manche dabei obwaltende Hindernisse und Mängel auf unangenehme Weise daran erinnert, daß er sich in Wetzlar befand. Das kleinliche Detail von Nachlässigkeiten, Versäumnissen, Ungerechtigkeiten, Bestechungen u.s.w. ermüdete ihn. Zerstreut durch öffentliche Amtsgeschäfte, wollte ihm keine ästhetische Arbeit gelingen. Erwünscht kam ihm die durch Merk in Darmstadt an ihn ergangene Aufforderung zu Beiträgen für die Frankfurter gelehrten Anzeigen. Goethe's Schwager, Schlosser, war der Herausgeber jenes Blattes. Die von Goethe für die Frankfurter gelehrten Anzeigen gelieferten Recensionen waren großentheils Nachklänge seiner akademischen Jahre. Ueberall zeigte sich darin die frisch hervorbrechende Naturkraft des Dichters, die allem trocknen Theorieenwesen abhold, sich in jeder Weise Luft zu machen suchte. Heftig bekämpfte er alles Falsche, Schiefe und Unnatürliche in jenen Recensionen, die kaum eine Spur enthielten von der in spätern Jahren ihm eignen Ruhe und Besonnenheit.

Willkommene Zerstreuung fand er auf einer Rheinreise, zu der ihn Merk in Darmstadt aufgefordert hatte. In Coblenz lernte er Wielands Jugendfreundin Sophie la Roche, und außer ihr besonders den durch seine anziehende Unterhaltungsgabe bekannten Schriftsteller Leuchsenring kennen, dessen Charakter Goethe später mit vielem Humor in seinem Fastnachtsspiel "Pater Brey" schilderte. Manche Ausflüge unternahm Goethe in die Umgegend, unter andern nach Ehrenbreitstein.

Seine schriftstellerische Thätigkeit hatte eine Zeit lang geruht. Erst als er Wetzlar verlassen und wieder nach Frankfurt zurückgekehrt war, gestaltete sich der Stoff zum "Götz von Berlichingen", den er lange mit sich herumgetragen, zu einem eigentlichen Ganzen. Dies Sujet hatte sich vor seiner Einbildungskraft so weit ausgedehnt, daß es die Grenzen der dramatischen Form völlig zu überschreiten drohte. Seine Schwester Cornelia konnte die Vollendung des Werks kaum erwarten. Sie äußerte oft ihre Zweifel an Goethe's Beharrlichkeit. Wie er in spätern Jahren erzählte, war er mit seiner Arbeit in sechs Wochen fertig. Weder Merk's, noch Herder's Urtheil, denen er sein Manuscript mittheilte, befriedigte ihn. Wie er selbst über sein dramatisches Product dachte, schilderte Goethe in spätern Jahren. Mit den ersten Acten seines Schauspiels war er im Allgemeinen zufrieden; in den folgenden aber, besonders gegen das Ende, habe ihn, meinte er, eine wunderbare Leidenschaft unbewußt hingerissen.

"Ich hatte," gestand Goethe, "indem ich mich bemühte, Adelheid liebenswürdig zu schildern, mich selbst in sie verliebt. Unwillkürlich war meine Feder nur ihr gewidmet. Das Interesse an ihrem Schicksal nahm überhand, und wie ohnehin gegen das Ende des Stücks Götz außer aller Thätigkeit gesetzt, nur zu einer unglücklichen Theilnahme am Bauernkriege zurückkehrte, so war nichts natürlicher, als daß eine reizende Frau ihn bei mir ausstach. Diesen Mangel, oder vielmehr diesen tadelhaften Ueberfluß erkannt' ich bald. Ich suchte daher meinem Werke immer mehr historischen und nationalen Gehalt zu geben, und das, was daran fabelhaft oder blos leidenschaftlich war, auszulöschen, wobei ich freilich manches aufopferte. So hatte ich mir z. B. etwas Rechtes zu Gute gethan, indem ich in einer grausen nächtlichen Zigeunerscene Adelheid auftreten, und ihre schöne Gegenwart Wunder thun ließ. Eine nähere Prüfung verbannte diese Scene, so wie auch der im vierten und fünften Act umständlich ausgeführte Liebeshandel zwischen Franz und seiner gnädigen Frau sich in's Enge zog, und nur in seinen Hauptmomenten hervorleuchtete."

Goethe entschloß sich zu einer Umarbeitung seines Schauspiels, die er in einigen Wochen vollendete. In seinen gesammelten Werken findet man auch den "Götz von Berlichingen" in seiner ursprünglichen Gestalt und eine spätere Theaterbearbeitung jenes Schauspiels vom Jahr 1804. Niemand war jedoch unzufriedener mit dieser Umformung seines Stücks, als Merk. Er drang auf die Herausgabe des Schauspiels, und erbot sich, als Goethe, wie schon früher bei den "Mitschuldigen," keinen Verleger finden konnte, die Druckkosten zu übernehmen, wenn Goethe für die Anschaffung des Papiers sorgen wollte. So ward der "Götz von Berlichingen" 1773 zu Hamburg gedruckt und bereits im nächsten Jahre neu aufgelegt in der Vaterstadt des Dichters, der sich, nach seinem eignen Geständnisse aus späterer Zeit, "bei sehr erschöpfter Casse in großer Verlegenheit befand, wie er das Papier bezahlen sollte, auf welchem er die Welt mit seinem Talent bekannt gemacht hatte."

Der Stoff, den Goethe gewählt, war zu einer weit verbreiteten Wirkung geeignet. Indem er seinem eignen Freiheitsgefühl Luft machte, hatte er den deutschen Patriotismus genährt, der durch Klopstocks "Hermannsschlacht" und die Bardenlieder geweckt worden war. Der Antheil des Publikums an jener "wilden dramatischen Skizze," wie Goethe sein Schauspiel in spätern Jahren nannte, war um so größer, je edler und einnehmender die poetische Gestalt des historischen Götz von ihm gezeichnet worden war, der in einer wilden, gesetzlosen Zeit kein Bedenken trug, zur Selbsthülfe zu greifen. Unter dem Lobe, das dem Dichter sowohl der Schilderung der einzelnen Charaktere, als auch des Styls wegen gespendet ward, traf ihn auch mancher bittere Tadel, besonders der Vorwurf, das Faustrecht mit zu glänzenden Farben geschildert, und der gesetzlosen Willkühr dadurch das Wort geredet zu haben. Goethe schien sich um die über sein dramatisches Product gefällten Urtheile wenig zu kümmern. Belustigend aber war für ihn die Idee eines Buchhändlers, der ihn aufforderte, ein Dutzend solcher Stücke zu schreiben, und sie gut zu honoriren versprach.

Mit Goethe's mannigfachen poetischen Entwürfen harmonirten nicht die völlig heterogenen Geschäfte, denen er sich in Wetzlar widmen mußte. Die kalte Wirklichkeit, die seine Ideale zerstörte, erzeugte in ihm einen tiefen Unmuth und beinahe völligen Lebensüberdruß, der noch verstärkt ward durch die leidenschaftliche Neigung zu einem ihm versagten Gegenstande. Durch den vertrauten Umgang mit Charlotte Buff, der Tochter eines Amtmanns in Wetzlar, die mit dem dort sich aufhaltenden Bremischen Gesandschaftssecretär Kestner verlobt war, suchte Goethe die Leere auszufüllen, die das aufgelöste Verhältniß mit der Pfarrerstochter in Sesenheim in seinem Herzen zurückgelassen hatte. Oft allein mit dem Gegenstande seiner Neigung, im Garten und auf einsamen Spaziergängen, fühlte er das Verderbliche seiner wachsenden Leidenschaft. Das Leben ward ihm gleichgültig, da seine hochfliegende Phantasie überall an die Schranken einer bürgerlichen Existenz im gewöhnlichsten Sinne des Worts stieß, die ihm keinen heitern Blick in die Zukunft gewährte. In seiner unmuthigen Stimmung kam ihm sogar einige Mal der Gedanke, sich selbst das Leben zu nehmen. Um so erschütternder wirkte auf ihn der Selbstmord eines seiner Bekannten. Es war Karl Wilhelm Jerusalem, ein Sohn des bekannten Braunschweiger Theologen. Gepeinigt von einer unbefriedigten Leidenschaft zu eben dem Gegenstande, welchem Goethe nicht ohne harten Kampf entsagt, hatte jener unglückliche junge Mann sein Leben durch eine Kugel geendet.

Tief ergriffen von der genauen Schilderung jenes tragischen Ereignisses, unternahm es Goethe, in seinem "Werther" den qualvollen Zustand zu schildern, den er aus eigner Erfahrung kannte. Was er selbst empfunden, setzte sein Gemüth in eine leidenschaftliche Bewegung, und so geschah es, daß er seinem Roman das Feuer und die Gluth einhauchte, die keinen Unterschied zuläßt zwischen der Dichtung und der Wirklichkeit. Nach Goethe's eignem Geständniß in späterer Zeit schrieb er, jede äußere Störung so viel als möglich vermeidend, den "Werther" in vier Wochen, ohne zuvor einen eigentlichen Plan entworfen oder einzelne Theile seines Romans ausgeführt zu haben. Er ward beinahe vergöttert wegen seines Werks, fand aber auf der andern Seite auch zahlreiche Gegner, besonders als das unglückliche Ende seines schwärmerischen Helden manche zu gleicher That reizte.

Dem vielfachen Unheil, daß man jenem Roman mit und ohne Grund beimaß, wäre zufälliger Weise beinahe vorgebeugt worden, wenn Goethe, verstimmt durch die Gleichgültigkeit Merk's bei der Mittheilung seines Romans, den Entschluß ausgeführt hätte, ihn sofort zu verbrennen. Mit dem Buchhändler Weygand in Leipzig war Goethe über den Verlag seines Romans einig geworden. Gerade an dem Hochzeitstage seiner Schwester Cornelia kam der Brief Weygands an, der ihn aufforderte, das Manuscript nach Leipzig zu senden. Der "Werther" erschien 1774, und bereits im nächsten Jahre eine neue Ausgabe mit einigen Zusätzen und mit einigen späterhin weggelassenen Versen auf dem Titelblatte der beiden Theile des Romans.

Goethe war, als er sein Werk vollendet, wieder heiterer geworden. Er hatte sich, nach seinem eignen Geständniß in spätern Jahren, "aus einem stürmischen Element gerettet auf dem er durch eigene und fremde Schuld, durch zufällige und gewählte Lebensweise, durch Vorsatz und Uebereilung umhergetrieben worden war."

In Bezug auf die zahllosen Nachahmungen, Kritiken und Parodien seines Werks äußerte er sich unmuthig in einem Briefe vom 6. März 1775 mit den Worten: "Ich bin des Ausgrabens und Secirens meines Werther herzlich satt. Der Eine schilt, der Andere lobt, der Dritte sagt, es gehe doch noch an, und so hetzt mich Einer wie der Andere. Nimmt mir's doch," fügte er hinzu, "nichts von meinem Ganzen, rührt's und rückt mich's doch nicht in meinen Arbeiten, die immer nur die aufbewahrten Freuden und Leiden meines Lebens sind." An einer von dem Berliner Buchhändler Friedrich Nicolai herausgegebenen Schrift, "die Freuden des jungen Werther" betitelt, rächte sich Goethe durch ein satyrisches Gedicht: "Nicolai an Werthers Grabe" und durch einen in Prosa geschriebenen Dialog zwischen Lotte und Werther. Beide Producte blieben ungedruckt.

Den mannigfachen Fragen, die über das Leben und den Charakter des unglücklichen Jünglings, den er in seinem Roman geschildert, an ihn gerichtet wurden, suchte Goethe vergebens auszuweichen. Die Neugier des Publikums befriedigte einigermaßen der unbekannte Verfasser einer damals (1775) erschienenen Schrift: "Berichtigung der Geschichte des jungen Werthers." Ungeachtet der ihm lästigen Zudringlichkeit fühlte sich Goethe doch als Autor geschmeichelt, daß mehrere talentvolle junge Männer seine Bekanntschaft suchten oder den Umgang mit ihm erneuerten. Am innigsten schloß sich, als er wieder nach Frankfurt zurückgekehrt war, der Dichter Lenz an ihn an, den er schon, wie früher erwähnt, in Straßburg kennen gelernt hatte. Er zeigte ihm mehrere seiner dramatischen Produkte, den "Hofmeister," den "neuen Mendoza" u.a.m. Auch Wagner, der als Doctor der Rechte und Advokat in Frankfurt, gleichfalls der Poesie huldigte, kam dem Verfasser des Götz und Werther mit treuherziger Offenheit entgegen. Er täuschte jedoch Goethe's Vertrauen, der ihm mehrere seiner dramatischen Pläne mitgetheilt hatte. Gretchens Katastrophe im Faust benutzte Wagner unter andern für ein von ihm geschriebenes Trauerspiel, "die Kindesmörderin" betitelt. Reiner und inniger war das Verhältniß Goethe's zu seinem Landsmann, dem Dichter Klinger.

Mit Lavater hatte Goethe schon längere Zeit in Briefwechsel gestanden, und ihm, außer mehreren literarischen Entwürfen, den "Werther" im Manuscript mitgetheilt. Den 20. August 1774 schrieb er an Lavater: "Du wirst großen Antheil nehmen an den Leiden des lieben Jungen, den ich darstelle. Wir gingen neben einander, an die sechs Jahre, ohne uns zu nähern; und nun hab' ich seiner Geschichte meine Empfindungen geliehen, und so macht's ein wunderliches Ganze." In Bezug auf seine Thätigkeit bemerkte er in diesem Briefe: "Ich bin nicht laß; so lange ich auf der Erde bin, erobere ich gewiß meinen Schritt Landes täglich." Ueber seine Beschäftigungen ertheilte er einige Auskunft in einem spätern Schreiben vom 18. October 1774. "Meine Arbeit," äußerte er, "hat bisher in Portraits im Großen und in kleinen Liebesliedern bestanden. Ich habe seit drei Tagen mit dem mir möglichsten Fleiße gearbeitet, und bin noch nicht fertig. Es ist gut, daß man einmal Alles thue, was man thun kann." Lavaters Vorwürfe über die Zersplitterung seiner Zeit und Kräfte fertigte Goethe mit den Worten ab: "Was neckst Du mich wegen meiner Amüsements? Ich wollte, ich hätte eine höhere Bestimmung, so wollte ich weder meine Handlungen Amüsements nennen, noch mich, statt zu handeln, amüsiren."

Eine fortwährende Anregung gab dem Briefwechsel Goethe's mit Lavater, außer den Artikeln, die jener für dessen Physiognomik lieferte, besonders Lavaters Lieblingsthema, der Streit zwischen Wissen und Glauben. Ein Brief Goethe's, vom 24. November 1774, an Lavater und dessen Freund, den Diakonus Pfenninger in Zürich zugleich gerichtet, enthielt in dieser Hinsicht einige charakteristische Bemerkungen. Mit Herzlichkeit und in dem vertraulichen Tone schrieb Goethe: "Glaube mir, lieber Bruder, es wird die Zeit kommen, da wir uns verstehen werden. Du redest mit mir, wie mit einem Ungläubigen, der begreifen will, der bewiesen haben will, der nicht erfahren hat; und von alle dem ist gerade das Gegentheil in meinem Herzen. — Bin ich nicht resignirter im Begreifen und Beweisen, als ihr? Ich bin vielleicht ein Thor, daß ich euch nicht den Gefallen thue, mich mit euren Worten auszudrücken, und daß ich nicht einmal durch eine reine Experimental-Psychologie meines Innern euch darlege, daß ich ein Mensch bin, daher nicht anders sentiren kann, als andere Menschen, und daß Alles, was unter uns Widerspruch scheint, nur Wortstreit ist, der daraus entsteht, weil ich die Sachen unter andern Combinationen sentire, und darum, ihre Relativität ausdrückend, sie anders benennen muß, welches aller Controversen Quelle ewig war und ewig bleiben wird. — Und daß du mich ewig mit Zeugnissen quälen willst! Wozu das? Brauch ich Zeugniß, daß ich bin? Zeugniß, daß ich fühle? Nur so schätze, liebe, bete ich die Zeugnisse an, die mir darlegen, wie Tausend oder Einer vor mir eben das gefühlt haben, was mich kräftigt und stärkt. Und so ist das Wort der Menschen mir Wort Gottes, mögen's Pfaffen oder Huren gesammelt, und es zum Kanon gerollt oder als Fragmente hingestreut haben. Und mit inniger Seele fall' ich dem Bruder um den Hals— Moses! Prophet! Evangelist! Apostel! Spinoza oder Macchiavell! Darf aber auch zu Jedem sagen: Lieber Freund, geht dir's doch wie mir. Im Einzelnen sentirst Du kräftig und herrlich; das Ganze aber ging in deinen Kopf so wenig, als in den meinigen."

Der briefliche Ideenaustausch Goethe's mit Lavater verwandelte sich, als dieser 1774 wieder nach Frankfurt kam, in mündliche Ueberlieferung. Das Phantastische in Lavaters Natur verkannte Goethe nicht, aber er fand es, wie er in einem früher erwähnten Briefe sich ausgedrückt hatte, "mit dem schönsten, schlichtesten Menschenverstande gepaart." Ihn fesselte damals jede Natur, mochte sie auch von der seinigen noch so verschieden seyn. Nach Ems, wohin sich Lavater begab, begleitete ihn Goethe. Kaum wieder nach Frankfurt zurückgekehrt, traf er dort mit Basedow zusammen, der damals in der Pädagogik ein helleres Licht angezündet hatte, doch in allerlei seltsamen religiösen Ansichten befangen war, die er aufs Lebhafteste vertheidigte. Durch das Cynische in seinem Aeußern und ganzen Wesen fühlte sich Goethe zurückgestoßen, besonders durch den Geruch des schlechten Tabaks, den Basedow auf der Reise nach Ems, wohin ihn Goethe begleitete, fortwährend in die Luft blies. In mehrfacher Weise störte Basedow die gesellige Unterhaltung in dem Hause der Frau v. Stein zu Nassau. Als Goethe mit Lavater und Basedow wieder nach Frankfurt zurückkehrte, und, wie er in einem noch erhaltenen Gedicht sagt: "als das Weltkind zwischen zwei Propheten saß," benutzte er Basedows entschiedene Abneigung gegen die Trinitatslehre zu einer lustigen Rache. Er hieß den Kutscher schnell vorüberfahren bei einem Wirthshause, in welchem Basedow seinen brennenden Durst stillen wollte. Indem Goethe auf das mit zwei verschränkten Triangeln versehene Gasthofsschild hinwieß, äußerte er schalkhaft, daß Basedow, der schon über Einen Triangel außer Fassung gerathe, bei diesem Anblick geradezu verrückt hätte werden müssen.

Unbefriedigt und verletzt durch die ungleichartigen Naturen Lavaters und Basedows, schloß sich Goethe mit größerer Innigkeit den Gebrüdern Jacobi an, die er in Cöln kennen gelernt hatte. Der Dichter I.G. Jacobi verzieh ihm den Spott, den er sich über seine mit Gleim gewechselten Briefe und Gedichte, die damals im Druck erschienen waren, erlaubt hatte. Das offene Vertrauen, mit welchem ihm besonders F.H. Jacobi entgegenkam, gewann Goethe's Herz. Aber auch sein Geist fand Befriedigung in mannigfachen philosophischen Gesprächen, besonders über das System und die Lehre Spinoza's. Im wechselseitigen Austausch ihrer Ideen fühlten sich die Freunde sehr glücklich. Jacobi schrieb damals, den 27. August 1774, an Wieland: "Was Goethe und ich einander seyn sollten, seyn mußten, war, sobald wir vom Himmel herunter neben einander gefallen waren, sogleich entschieden. Jeder glaubte von dem Andern mehr zu empfangen, als er ihm geben konnte; Mangel und Reichthum auf beiden Seiten umarmten einander; so ward die Liebe unter uns."

In der Gemäldegallerie zu Düsseldorf, wohin Goethe mit den Gebrüdern Jacobi gereist war, fand sein Kunstsinn volle Befriedigung. Mit einem seiner Straßburger Bekannten, mit Jung-Stilling, traf Goethe in Elberfeld zusammen. Heinse, der Verfasser des Ardinghello, den er dort kennen lernte, bewunderte, nach einer brieflichen Aeußerung, an dem damals fünf und zwanzigjährigen Goethe "das Genie, vom Wirbel bis zur Zehe, den Geist mit Adlersflügeln."

Nach den verschiedenartigsten Richtungen verlor sich, als er wieder nach Frankfurt zurückgekehrt war, Goethe's literarische Thätigkeit. Er äußerte sich darüber in einem damaligen Briefe: "Geschrieben hab' ich allerlei, gewissermaßen wenig, im Grunde nichts. Wir schöpfen den Schaum von dem großen Strom der Menschheit mit unsern Kielen, und bilden uns ein, wenigstens schwimmende Inseln gefangen zu haben." So bezeichnete Goethe seine mannigfachen literarischen Entwürfe, von denen fast keiner ausgeführt ward. Längere Zeit beschäftigte ihn die Idee, das Leben Mahomet's dramatisch zu behandeln. Mehrere Scenen wurden theils skizzirt, theils vollendet. Erhalten hat sich jedoch von jenem Stück nichts weiter, als das in Goethe's Werken aufbewahrte Gedicht: "Mahomet's Gesang." Die bekannte Geschichte von dem ewigen Juden, die sich ihm schon früh durch die Volksbücher eingeprägt hatte, wollte er zu einem Epos benutzen. Auch die Fabel vom Prometheus hielt er für eine dramatische Bearbeitung geeigenet, von der sich jedoch nichts weiter erhalten hat, als das in Goethe's Werken aufbewahrte Gedicht "Prometheus." Vollendet ward von Goethe um diese Zeit (1774) nur das Trauerspiel "Clavigo", wozu ihm die von Beaumarchais geschriebenen Memoiren die nächste Veranlassung gegeben hatten. Gleichzeitig veröffentlichte Goethe aber auch unter dem Titel einer Farçe seine dramatische Dichtung: "Götter, Helden und Wieland." In den Anmerkungen zu seiner Uebersetzung Shakspeare's hatte Wieland den großen Britten scharf getadelt. Durch diesen Tadel und die zu moderne Behandlung der griechischen Götter in dem von Wieland geschriebenen Singspiel "Alceste" gereizt und aufgeregt, schrieb Goethe jenes satyrische Product, das seinen bisherigen Verhältnissen unvermuthet eine ganz andere und für sein späteres Leben einflußreiche Wendung gab.

Durch jene Posse hatte Goethe die Aufmerksamkeit eines jungen Fürsten erregt, der sich für den Verfasser des Götz und Werther bereits lebhaft interessirt hatte. Es war der damalige Erbprinz und nachheriger Großherzog Carl August von Sachsen-Weimar, der begleitet von seinem jüngern Bruder, dem Prinzen Constantin und dessen Erzieher v. Knebel, auf einer damalichen Reise Frankfurt berührte. Goethe ward den beiden Fürsten auf deren Wunsch, vorgestellt und bald nachher, im November 1775, als geheimer Legationsrath nach Weimar gerufen, wo er im damaligen geheimen Consilium Sitz und Stimme erhielt. Sein neues Verhältniß schilderte er in einem Briefe an Lavater vom 21. December 1775 mit den Worten: "Ich bin hier in Weimar wie unter den Meinigen. Der Herzog wird mir immer werther, und ich ihm immer verbundener." In einem spätern Briefe vom 22. Januar 1778 meldete Goethe seinem Freunde Merk: "Ich bin nun ganz in alle Hof- und politische Händel verwickelt. Meine Lage ist vorteilhaft genug, und die Herzogthümer Weimar und Eisenach sind immer ein Schauplatz, um zu versuchen, wie einem die Weltrolle zu Gesichte steht."

Mit vielem Humor charakterisirte Goethe seinen heterogenen Geschäftskreis in einem Briefe an Merk vom 5. August 1778. "Im Innern", schrieb er, "geht mir alles nach Wunsch. Das Element, in dem ich schwebe, hat alle Aehnlichkeit mit dem Wasser; es zieht Jeden an, und doch versagt dem, der auch nur bis an die Brust hineinspringt, im Anfange der Athem. Muß er nun gar gleich tauchen, so verschwinden ihm Himmel und Erde. Hält man's dann eine Weile aus, und kriegt das Gefühl, das einem das Element trägt, und daß man doch nicht untersinkt, wenn man gleich nur mit der Nase hervor guckt, nun so findet sich im Menschen auch Glied und Geschick zum Froschwesen, und man lernt mit wenig Bewegung viel thun."

Dieser Brief Goethe's enthielt auch eine Schilderung seiner durch ein bekanntes Gedicht verewigten Harzreise. "Letzten Winter", schrieb er, "hat mir eine Reise auf den Harz das reinste Vergnügen gegeben. Du weißt, so sehr ich's hasse, wenn man das Natürliche abentheuerlich machen will, so wohl ist mir's, wenn das Abenteuerliche natürlich zugeht. Ich machte mich ganz allein auf, etwa den letzten November, zu Pferde, mit einem Mantelsack, und ritt durch Schloßen, Frost und Koth aus Nordhausen den Harz hinein in die Baumannshöhle, über Wernigerode, Goßlar, auf den hohen Harz, das Detail erzähl' ich dir einmal, und überwand alle Schwierigkeiten, und stand am 8. December, glaub' ich, Mittags um Eins auf dem Brocken, oben in der heitersten, brennendsten Sonne, über dem anderthalb Ellen hohen Schnee, und sah die Gegend von Deutschland unter mir, Alles von Wolken bedeckt, daß der Förster, den ich mit Mühe persuadirt hatte, mich zu führen, selbst vor Verwunderung außer sich kam, sich da zu sehen, da er viele Jahre am Fuße wohnend, das immer für unmöglich gehalten hatte. Da war ich vierzehn Tage allein, daß kein Mensch wußte, wo ich war. Von dem Gedanken der Einsamkeit findest du auf dem beiliegenden Blatt fliegende Streifen." Dies Blatt enthielt das bekannte Gedicht: "Harzreise im Winter." Mehrere Stellen darin bezogen sich auf den Sohn des Superintendenten Plessing in Wernigerode, einen talentvollen, doch zum Theil durch das Lesen des "Werther" in eine unheilbare Schwermuth versunkenen jungen Mann, den Goethe im Gasthofe zu Wernigerode kennen gelernt hatte.

Was Goethe selbst in spätern Jahren sich zum Vorwurf machte, daß er durch sein zerstreutes und vielfach bewegtes Leben die Wirksamkeit seines poetischen Talents beschränkt und beinahe zerstört habe, rügte schon damals sein Freund Merk mit den Worten: "Was Teufel fällt dem Wolfgang ein, am Hofe herumzuschranzen und zu scherwenzeln? Giebt es nichts Besseres für ihn zu thun?" Die Wahrheit dieser auch von Andern ihm gemachten Vorwürfe fühlte Goethe. Aber er erkannte und schätzte auch das Wohlwollen und die Freundschaft seines Fürsten, und bemühte sich dem ihm geschenkten Vertrauen auf jede Weise zu entsprechen. Mit seinem Beruf, wenn ihm derselbe vielleicht auch nicht völlig klar war, meinte er es jedenfalls redlich. In einem seiner damaligen Briefe gestand er: das ihm aufgetragene Tagwerk, das ihm täglich leichter und schwerer werde, erfordere wachend und träumend seine Gegenwart.

"Diese Pflicht", schrieb er, "wird mir täglich theurer, und darin wünschte ich's den größten Menschen gleich zu thun, und in nichts Größerem. Diese Begierde, die Pyramide meines Daseyns, deren Basis mir angegeben und gegründet ist, so hoch als möglich in die Luft zu spitzen, überwiegt alles Andere, und läßt kaum augenblickliches Vergessen zu. Ich darf nicht säumen, ich bin schon weit in Jahren vor, und vielleicht bricht mich das Schicksal in der Mitte, und der babylonische Thurm bleibt stumpf unvollendet. Wenigstens soll man sagen, er war kühn entworfen, und wenn ich lebe, sollen, will's Gott, die Kräfte hinaufreichen."

Begrenzt ward dieser weit aussehende Lebensplan Goethe's durch das in ihm erwachte lebhafte Interesse an theatralischen Vorstellungen. Zu Ettersburg und Tiefurt waren mehrere kleine Stücke und Operetten in den Buchenwäldern an der Ilm aufgeführt worden. Einsiedel, Seckendorf, Musäus u.A. hatten jenem Bedürfniß durch dramatische Producte gehuldigt, und Goethe selbst hatte zu diesem Zweck seine "Fischerin", und die Singspiele "Erwin und Elmire" und "Claudine von Villa Bella" gedichtet. Später übernahm er die Leitung eines in Weimar errichteten Liebhabertheaters, bei welchem der Hof die Kosten der Garderobe, Musik, Beleuchtung u.s.w. bestritt. Eine

Hauptzierde jener Bühne war die talentvolle Carona Schröter, damals Hofsängerin, welcher Goethe später in seinem Gedicht: "Miedings Tod" ein unvergängliches Denkmal setzte. Auch Goethe trat in jenem Lieblingstheater auf, als Alcest in den "Mitschuldigen", später als Orest in seiner "Iphigenie" auf. Sein Spiel in ernsten Rollen soll zu leidenschaftlich und ungestüm gewesen seyn. Besser gelang ihm die Darstellung humoristischer Charaktere, vorzüglich in den von ihm gedichteten Fastnachtsspielen, als Hamann, als Marktschreier in dem "Jahrmarkt von Plundersweilern" u.a.m. Für theatralische Zwecke schrieb Goethe, außer seinen größern Werken, noch das dramatisch vorgestellte Gedicht "Epiphanias."

Ueber einen kurzen Aufenthalt in Berlin, wohin er 1778 den Herzog von Weimar begleitete, schrieb Goethe an Merk: "Ich war nur wenige Tage in Berlin, und guckte nur drein, wie das Kind in den Schön-Raritäten-Kasten. Aber du weißt, wie ich im Anschauen lebe; es sind mir tausend Lichter aufgegangen. Und dem alten Fritz bin ich recht nahe worden; da hab' ich sein Wesen gesehen, sein Gold, Silber, Marmor, Affen, Papageien und zerrissene Vorhänge, und habe über den großen Menschen seine eignen Lumpenhunde räsonniren hören. Die Generäle, die ich halbdutzendweise bei Tisch mir gegenüber gehabt, machen mir den jetzigen König gegenwärtiger. Mit Menschen hab' ich sonst gar nichts zu verkehren gehabt, und habe in preußischen Staaten kein laut Wort hervorgebracht, daß sie nicht könnten drucken lassen, dafür ich gelegentlich als stolz u.s.w. ausgeschrieen worden bin."

Einen weitern Ausflug unternahm Goethe 1779 nach der Schweiz. Er machte diese Reise in Gesellschaft seines von ihm hochverehrten Fürsten, der ihn kurz zuvor zum Geheimen Rath ernannt hatte. Die glückliche Heimkehr wünschte Goethe durch ein Denkmal zu verewigen, das er dem Herzog im Wiemarischen Park errichten lassen wollte. Sehr ausführlich äußerte er sich in einem im November 1779 geschriebenen Briefe an Lavater über diese Idee, bei der er auf die Mitwirkung des rühmlich bekannten Malers Füßli in Zürich rechnete. "Mein erster Gedanke," schrieb Goethe, "war so. Ich wollte dem Monument eine viereckige Form geben. Von drei Seiten sollte jede eine einzelne bedeutende Figur, und die vierte eine Inschrift haben. Zuförderst sollte das gute heilsame Glück stehen, durch das die Schlachten gewonnen und die Schiffe regiert werden, günstigen Wind im Nacken, die launische Freundin und Belohnerin kecker Unternehmungen mit Steuerruder und Kranz. Im Felde zur Rechten hatte ich mir den Genius, den Antreiber, Wegmacher, Wegweiser, Fackelträger muthigen Schrittes gedacht. In dem Felde zur Linken sollte Terminus, der ruhige Grenzbeschreiber, der bedächtige, mäßige Rathgeber stillstehend mit dem Schlangenstabe einen Grenzstein bezeichnen, jener lebend rührig vordringend, dieser ruhig, sanft in sich gekehrt, zwei Söhne, eine Mutter—der ältere jener, der jüngere dieser. Das hintere Feld hatte die Inschrift: Fortunae Duci Reduci Natisque Genio Et Termino Ex Voto. Du siehst, was ich für Ideen damit zusammenbinden wollte. Sowohl auf dieser Reise als im ganzen Lande, als im ganzen Leben, sind wir diesen Gottheiten sehr zu Schuldnern geworden. Das erste Mal, wo wir nach einer langen, nicht immer fröhlichen Zeit, in die freie Welt kommen, zusammen den ersten bedeutenden Schritt wagen, gleich mit dem schönsten

Hauche des Glücks fortgetrieben zu werden, in der spätern Jahreszeit, Alles mit günstiger Sonne und Gestirnen. Den ganzen Weg, den wir machen, begleitet von einem guten Geiste, der überall die Fackel vorträgt, hierhin ladet, dorthin treibt, daß, wenn ich zurück sehe, wir zu so manchem, das unsere Reise ganz macht, nicht durch unsere Wege und Wollen geleitet worden sind, und dann am Ende, daß wir auch durch den schönen Glückssohn bedeutet wurden, wo wir aufhören, wo wir einen Grenzbogen beschreiben und wieder zurückkehren sollten, was wieder einen unglaublichen Einfluß auf unsere Zurückgelassenen hat und haben wird. Das alles zusammen giebt mir die Empfindung, die ich nicht schöner zu ehren weiß, als womit alle Zeiten durch die Menschen Gott verehrt haben." Das in diesem Briefe ausführlich beschriebene Denkmal, das aus einem "lichtgrauen Stein" bestehen sollte, "der an den Marmor grenze," kam nicht zu Stande. Die Ausführung dieser Idee mochte ihre Schwierigkeiten haben. Ob der Maler Füßli die von ihm gewünschte Zeichnung wirklich lieferte, ist zweifelhaft. So viel ist gewiß, daß sie im Frühjahr 1780 noch nicht vorhanden war.

Mit Lavater, der sich darüber in einem seiner Briefe bitter beklagte, hatte Goethe in der Schweiz genußreiche Tage verlebt. Er freute sich sehr, ihn wieder zu sehen, und seine Gedanken mit ihm austauschen zu können, so wenig beide auch, besonders in ihren Ansichten über religiöse Gegenstände, mit einander übereinstimmten. "Nicht allein vergnüglich", schrieb Goethe den 28. October 1779, "sondern gesegnet uns beiden, soll unsere Zusammenkunft seyn. Für ein Paar Leute, die Gott auf so verschiedene Art dienen, sind wir vielleicht die einzigen, und ich denke, wir wollen mehr zusammen überlegen und ausmachen, als ein ganzes Concilium mit seinen Pfaffen, Huren und Mauleseln. Eins aber werden wir doch wohl thun, daß wir einander unsere Particular-Religionen ungehudelt lassen. Du bist gut darin, aber ich bin manchmal hart und unhold. Da bitt' ich dich im Voraus um Geduld. So hat mir z. B. Tobler deine Offenbarung Johannis gegeben. An der ist mir nun nichts, als deine Handschrift, darum hab' ich sie auch zu lesen angefangen. Es hilft nichts, ich kann das Göttliche nirgends, und das Poetische nur hie und da finden. Das Ganze ist mir fatal; mir ist's, als röche ich überall einen Menschen durch, der gar keinen Geruch von dem gehabt, der da ist A. und O. — Ich bin ein sehr irdischer Mensch; mir ist das Gleichniß vom ungerechten Haushalter, vom verlornen Sohn, vom Säemann, von der Perle u. s. w. göttlicher — wenn je was Göttliches da seyn soll — als die sieben Botschafter, Leuchter, Hörner, Siegel, Sterne und Wehe. Ich denke auch aus der Wahrheit zu seyn, aber aus der Wahrheit der fünf Sinne, und Gott habe Geduld mit mir, wie bisher. — Gegen deine Messiade hab' ich nichts; sie liest sich gut, wenn man einmal das Buch mag, und was in der Apokalypse enthalten ist, drückt sich durch deinen Mund rein und gut in die Seele. Das willst du da; wozu denn aber die ewigen Trümpfe, mit denen man nicht sticht, und kein Spiel gewinnt, weil sie kein Mensch gelten läßt? Du siehst, ich bin noch immer der Alte, und falle dir wieder von eben der Seite, wie vormals, zur Last. Ich war schon in Versuchung, das Blatt zu zerreißen; doch da wir uns sehen werden, so mag es gehen."

Die in diesem Briefe enthaltenen Aeußerungen zeigten, wie Goethe den nüchternen gesunden Menschenverstand den schwärmerischen Ansichten Lavaters gegenüber geltend machte. Im mündlichen Austausch ihrer Ideen, im traulichen Gespräch hatten sie sich wenigstens so weit genähert, als ihre individuelle Denk- und Empfindungsweise erlaubte. Selbst das mißbilligende Urtheil über manche Schriften Lavaters nahm Goethe zurück. "Deine Offenbarung Johannis," schrieb er den 2. November 1779, "hat mir viel Vergnügen gemacht. Ich habe sie recht und vieles davon mehr als einmal gelesen. Da ich hörte, du habest darüber von Amtswegen gepredigt, gab es mir ein ganz neues Interesse, denn ich konnte nun mehr begreifen, wie du dich mit diesem Buche so lange beschäftigt, es ganz in dich hinüber empfunden hast, und es in einem so fremden vehiculo ohne fremden, vielleicht eigentlich heterogenen Zusatz wieder aus dir herausquellen lassen konntest; denn nach meiner Empfindung macht deine Ausmalung keinen andern Eindruck, als die Originalskizze macht, wenigstens einer Seele aus diesem Jahrhundert, wo man die Ideen, die du hineinlegst, selbst von Kindheit an hineinzulegen pflegt. Die Arbeit selbst ist dir glücklich von statten gegangen; einige treffliche Züge der Auslegung und Empfindung sind darin. Ausgemalt sind viele Stellen ganz trefflich, besonders alle, die der innern Empfindung von Zärtlichkeit und Kraft, wie z. B. die Verheißung des ewigen Lebens, das Weiden der Schafe unter Palmen u. s. w. In einigen Gestalten und Gleichnissen hast du dich auch gut gehalten; nur schwinden deine Ungeheuer für mich zu schnell in allegorischen Dampf. Doch ist auch dieß, wenn ich's recht bedenke, das klügste Theil, das du ergreifen kannst." Der Brief schließt mit den herzlichen Worten: "Laß uns ja einander bleiben, einander mehr werden. Neue Freunde und Lieben mag ich nicht. Leider fühl' ich meine dreißig Jahre und Weltwesen. Schon einige Ferne von dem werdenden, sich entfaltenden, ich erkenn' es noch mit Vergnügen, mein Geist ist ihm nah, aber mein Herz ist fremd. Große Gedanken, die dem Jüngling ganz fremd, füllen jetzt meine Seele."

In einem Briefe an Merk, vom 7. April 1780, meldete Goethe seine Genesung von einer langwierigen Krankheit, die ihn bald nach der Rückkehr aus der Schweiz befallen. "Schon in Frankfurt," schrieb er, "und als wir in der Kälte an den Höfen herumzogen, war mir's nicht just. Die Bewegung der Reise ließ es nicht zum Ausbruch kommen. Doch hatte ich eine böse Zusammengezogenheit, eine Kälte, und Untheilnehmung, die Jedermann auffiel und gar nicht natürlich war. Jetzt geht Alles wieder ganz gut."

Dieser Brief Goethe's enthielt zugleich flüchtige Andeutungen über manche literärische Entwürfe, die jedoch größtentheils unausgeführt blieben. "Der wichtigste Theil meiner Schweizerreise," schrieb er, "ist aus einzelnen, im Moment geschriebenen Blättchen und Briefchen durch eine lebhafte Erinnerung componirt. Wieland declarirte es für ein Poema. Ich habe aber noch weit mehr damit vor, und wenn es mir glückt, so will ich mit diesem Garn viele Vögel fangen. Zur Geschichte Herzog Bernhards von Weimar hab' ich viele Documente und Collectaneen zusammengebracht, kann sie schon ziemlich erzählen, und will, wenn ich erst den Scheiterhaufen gedruckter und ungedruckter Nachrichten, Urkunden und Anecdoten recht zierlich zusammengelegt, ausgeschmückt, und eine Menge schönen Räucherwerks und Wohlgeruchs darauf herumgestreut habe, ihn einmal bei schöner trockner Nachtzeit anzünden, und auch dieses Kunst- und Lustfeuer zum Vergnügen des Publici brennen lassen."

Auch in einem spätern Briefe an Lavater, vom 5. Juni 1780, nahm Goethe die Idee einer Biographie des Herzogs Bernhard wieder auf. "Ich scharre", schrieb er, "nach meiner Art, Vorrath zu einer Lebensbeschreibung dieses als Helden und Herrscher wirklich sehr merkwürdigen Mannes, der in seiner kurzen Laufbahn ein Liebling der Menschen gewesen ist, allmählich zusammen, und erwarte die Zeit, wo mir's vielleicht glücken wird, ein Feuerwerk daraus zu machen. Seine Jahre fallen in den dreißigjährigen Krieg. Sein und seiner Brüder Familiengemälde interessirt mich noch am meisten, da ich ihren Urenkeln, in denen so manche Züge leibhaftig wiederkommen, so nahe bin. Uebrigens versuche ich allerlei Beschwörungen und Hocus pocus, um die Gestalten gleichzeitiger Helden und Lumpen in Nachahmung der Hexe zu Endor wenigstens bis an den Gürtel aus dem Grabe steigen zu lassen, und allenfalls irgend einen König, der an Zeichen und Wunder glaubt, in's Bockshorn zu jagen."

Ueber jene Idee, die er wieder aufgab, äußerte sich Goethe in späteren Jahren mit den Worten: "Manche Zeit und Mühe ward auf den Vorsatz, das Leben Herzog Bernhards zu schreiben, vergebens aufgewendet. Nach vielfachem Sammeln und mehrmaligem Schematisiren ward zuletzt nur allzu klar, daß die Ereignisse des Helden kein Bild machten. In der jammervollen Ilias des dreißigjährigen Krieges spielte er eine würdige Rolle, ließ sich aber von jener Gesellschaft nicht absondern. Einen Ausweg glaubte ich jedoch gefunden zu haben. Ich wollte das Leben schreiben wie einen ersten Band, der den zweiten nothwendig machte. Ueberall sollten Verzahnungen stehen bleiben, damit Jedermann bedauerte, daß ein frühzeitiger Tod den Baumeister verhindert habe, sein Werk zu vollenden. Für mich war diese Bemühung nicht unfruchtbar; denn wie das Studium zu Götz von Berlichingen mir tiefere Einsicht in das funfzehnte und sechszehnte Jahrhundert gewährte, so mußte mir diesmal die Verworfenheit des siebzehnten sich mehr entwickeln, als sonst vielleicht geschehen wäre."

Auch durch anderweitige Beschäftigungen mochte Goethe jener historischen Arbeit entzogen worden seyn. Noch immer betrieb er mit lebhaftem Interesse die seit frühester Jugend ihm liebgewordenen Kunststudien. Seine Briefe an Merk und Lavater enthielten mannigfache Aeußerungen über den Entwurf und die Ausführung werthvoller Landschaften, Blätter und Skizzen, die er theils besaß, theils zu erhalten wünschte, um seine Sammlung zu vervollständigen. Ueber Albrecht Dürer schrieb er den 6. März 1780 an Lavater: "Ich verehre täglich mehr die mit Gold und Silber nicht zu bezahlende Arbeit des Mannes, der, wenn man ihn recht im Innersten erkennen lernt, an Wahrheit, Erhabenheit, und selbst Grazie nur die ersten Italiener zu seines Gleichen hat. Dieses wollen wir laut sagen." In diesem Briefe erwähnte er den Besitz einer Sammlung von "geistigen Handrissen, besonders in Landschaften", die er zu vermehren wünschte. Er schrieb darüber an Lavater: "Passe doch auf, dir geht so vieles durch die Hände.

Wenn du so ein Blatt findest, worauf die erste, schnellste, unmittelbarste Aeußerung des Künstlergeistes gedruckt ist, so lasse es dir nicht entwischen, wenn du's um leidliches Geld haben kannst. Mir macht's ein besonderes Vergnügen."

Genährt ward Goethe's Kunstinteresse durch einen vierzehntägigen Aufenthalt Oeser's in Ettersburg. Nichts konnte ihm erfreulicher seyn, als das Wiedersehen seines alten Leipziger Freundes und Lehrers, dem er, nach seinem eignen Geständniß in früher mitgetheilten Briefen, einen großen Theil seiner Bildung verdankte. Oeser war vielfach beschäftigt mit der Einrichtung und Anordnung des Liebhabertheaters in Ettersburg, auf welchem das von Goethe nach Aristophanes bearbeitete Lustspiel: "die Vögel" vorgestellt werden sollte. Goethe schrieb über Oeser: "Der Alte hatte den ganzen Tag etwas zu kramen, anzugeben, zu verändern, zu zeichnen, zu deuten, zu besprechen, zu lehren u.s.w., daß keine Minute leer war. Seitdem er fort ist, gehts freilich ein wenig stiller und einfacher zu."

Durch Oeser's Abreise wich Goethe's Neigung zur Kunst allmählich dem in späteren Jahren wachsenden Interesse an mannigfachen Naturgegenständen. Seinem Freunde Merk hatte er in einem Briefe vom 3. Juli 1780 die Nachricht mitgetheilt, daß der Bildhauer Klauer Oeser's Kopf "allerliebst bossirt", und daß derselbe in Gyps gegossen und in grauen Stein gehauen werden solle. "A propops", fügte er hinzu, "von Steinen hab' ich jetzt etwas sehr Angenehmes und Unterhaltendes angefangen. Durch einen jungen Menschen, den wir zum Bergwesen herbeiziehen, lasse ich eine mineralogische Beschreibung von Weimar,

Eisenach und Jena machen. Er bringt alle Steinarten mit seiner Beschreibung überein, und numerirt mit, woraus ein sehr einfaches aber für uns interessantes Cabinet entsteht. Wir finden auch mancherlei, was gut und nützlich, ich will aber nicht sagen, einträglich ist." Seinen Brief schloß Goethe mit der an Merk gerichteten Bitte: "Du thust mir einen großen Gefallen, wenn du mir gelegentlich ein Stück von den Graniten schicktest, die nicht weit von euch im Gebirge liegen, wo große abgesägte Stücke davon glauben machen, daß die Römer ihre Obelisken daher geholt haben. Wenn du einmal Gelegenheit findest zu erforschen, was der Felsberg auf seiner höchsten Höhe für Steine hat, wird es mir auch sehr angenehm seyn."

Während Goethe das Gebiet der Wissenschaft und Kunst nach den mannigfachsten Richtungen durchstreifte, schien seine poetische Thätigkeit zu schlummern. Geweckt ward sie wieder durch die Erscheinung von Wielands Oberon. Er schrieb darüber an Merk den 7. April 1780: "Du wirst den Oberon gelesen und dich daran erfreut haben. Ich habe Wielandn' dafür einen Lorbeerkranz geschickt, der ihn sehr erfreut hat." Nach einem spätern Briefe an Lavater vom 3. Juli 1780 war Goethe überzeugt: "so lange Poesie Poesie, Gold Gold und Crystall Crystall bleibe, werde auch Wieland's Oberon als ein Meisterstück poetischer Kunst geliebt und bewundert werden."

Von dem genannten Epos begeistert, warnte er in einem Briefe vom 24. Juni 1780 vor der seichten und anmaßenden Kritik, die auch das Trefflichste nicht verschone. "Bei Gelegenheit von Wieland's Oberon", schrieb er an Lavater, "brauchst du das Wort Talent, als wenn es der Gegensatz von Genie wäre, wo nicht ganz, doch wenigstens etwas Subordinirtes. Wir sollten aber bedenken, daß das eigentliche Talent nichts weiter seyn kann, als die Sprache des Genies. Ich will nicht chikaniren, denn ich weiß wohl, was du im Durchschnitt damit sagen willst, und ich zupfe dich nur beim Aermel. Wir sind oft gar zu freigebig mit allgemeinen Worten, und schneiden, wenn wir ein Buch gelesen haben, das uns von Seite zu Seite Freude gemacht, und aller Ehren werth vorgekommen ist, endlich gern mit der Scheere so gerade durch, wie durch einen weißen Bogen Papier. Wenn ich ein solches Werk auch blos als ein Schnitzbildchen ansehe, so wird es doch der feinsten Scheere unmöglich, alle kleinen Formenzüge und Linien, worin der Werth liegt, herauszusondern. Es ist nachher noch eins, was man nicht so leicht an einem solchen Werke schätzt, weil es so selten ist: daß nämlich der Autor nichts hat machen wollen und gemacht hat, als was eben da steht. Für das Gefühl, die Kunst und Freiheit, vieles wegzulassen, gebührt ihm freilich der größte Dank, den ihm aber auch nur der Künstler und Mitgenosse giebt."

Damit beruhigte sich Goethe bei dem einseitigen Urtheil, das von mehreren Seiten seinen "Triumph der Empfindsamkeit" traf, eine harmlose Satyre auf das damalige Weimarische Theaterpersonal, mit Anspielungen auf mancherlei Vorfälle und Tagesereignisse. Manchen Tadel mußte er auch vernehmen über die vorherrschende Sentimentalität in dem von ihm geschriebenen Schauspiel "Lila", in dem Drama "die Geschwister," und in andern seiner damaligen Producte. In eine dramatische Form kleidete Goethe auch mehrere theils ernste, theils scherzhafte Gedichte, zu denen er durch Festlichkeiten des Weimarischen Hofes veranlaßt ward.

Eine höhere poetische Idee lag seiner "Iphigenie" zum Grunde. Der erste Entwurf dieses Schauspiels und seines erst mehrere Jahre später vollendeten Romans: "Wilhelm Meisters Lehrjahre" fällt in diese Periode von Goethe's Leben. Das Urtheil seiner Freunde, denen er mehrere von seinen damaligen Producten handschriftlich mittheilte, war ihm nicht gleichgültig. Den 24. Juli 1780 schrieb er an Lavater: "Daß du Freude gehabt hast an meiner Iphigenie, ist mir ein außerordentliches Geschenk. Da wir mit unsern Existenzen so nahe stehen, und mit unsern Gedanken und Imaginationen so weit auseinander gehen wie zwei Schützen, die mit dem Rücken aneinander lehnend, nach ganz verschiedenen Zielen schießen, so erlaube ich mir niemals den Wunsch, daß meine Sachen dir etwas werden könnten. Ich freue mich deswegen recht herzlich, daß ich auch mit diesem Product wieder an's Herz gekommen bin."

In solcher Stimmung verschmerzte Goethe den Verdruß und Unmuth, den ihm ein gewinnsüchtiger Buchhändler, Himburg in Berlin, bereitet hatte, als er ohne Goethe's Mitwissen eine Sammlung seiner bisherigen Schriften in zwei Octavbänden veranstaltete. Goethe erhielt von ihm einen Brief, in welchem er dem Publikum einen großen Dienst erwiesen zu haben meinte, und sich erbot, dem Dichter als einen Beweis seiner Erkenntlichkeit einiges Berliner Porcellan zu schicken. Empört über die Anmaßung des unberufenen Verlegers seiner Schriften, ließ Goethe das an ihn gerichtete Schreiben unbeantwortet, und rächte sich im Stillen durch einige satyrische Verse.

Wissenschaftliche Forschungen der verschiedensten Art behielten für ihn ein lebhaftes Interesse. Immer neuen Genuß schöpfte er aus der Betrachtung der Natur, auch der anorganischen, auf seinen öftern Reisen in die Umgegend, besonders nach Franken, als Begleiter des Herzogs von Weimar. In Bezug auf seine mineralogischen Studien bemerkte Goethe in einem Briefe an Merk vom 11. October 1780: "Ich habe mich diesen Wissenschaften mit völliger Leidenschaft ergeben, und habe eine sehr große Freude daran. Dabei schränke ich mich aber nicht, wie die neuesten Chursachsen, philisterhaft darauf ein, ob jener Berg dem Herzog von Weimar gehört oder nicht. Wie ein Hirsch, der ohne Rücksicht des Territoriums sich äset, so denk' ich, muß der Mineralog auch seyn. Und so hab' ich vom Gipfel des Inselbergs, des höchsten vom Thüringerwalde, bis in's Würzburgische, Fuldaische, Hessische, Chursächsische, bis über die Saale hinüber, und wieder so weiter bis Saalfeld und Coburg herum, meine schnellen Ausflüge getrieben; habe die meisten Stein- und Gebirgsarten von allen diesen Gegenden beisammen, und finde in meiner Art zu sehen, das bischen Metallische, das den mühseligen Menschen in die Tiefen hineinlockt, immer das Geringste. Durch dieses alles zusammen und durch die Kramereien meiner Vorgänger bin ich im Stande, einen kleinen Aufsatz zu liefern, der gewiß interessant seyn soll. Ich habe jetzt die allgemeinsten Ideen und gewiß einen reinen Begriff, wie alles auf einander steht und liegt, ohne Prätension auszuführen, wie es auf einander gekommen ist. Da ich einmal nichts aus Büchern lernen kann, so fang' ich erst jetzt an, nachdem ich die meilenlangen Blätter unserer Gegenden umgeschlagen habe, auch die Erfahrungen Anderer zu studiren und zu nutzen. Dies Feld ist, wie ich jetzt erst sehe, kurze Zeit her mit großem Fleiße bebaut worden, und ich bin überzeugt, daß bei so viel Versuchen und Hülfsmitteln ein einziger großer Mensch, der mit den Füßen oder dem Geist die Welt umlaufen könnte, diesen seltsam zusammengebauten Ball ein- für allemal erkennen und beschreiben könnte, was vielleicht schon Büffon im höchsten Sinne gethan hat, weßhalb auch Franzosen und Deutschfranzosen sagen, er habe einen Roman geschrieben, welches sehr wohl gesagt ist, weil das ehrsame Publikum alles Außerordentliche nur durch den Roman kennt."

Durch diese Studien und andere Lieblingsneigungen ward Goethe nicht der Amtsthätigkeit entzogen, die seine Stellung als Geheimer Rath mit Sitz und Stimme in mehreren Collegien von ihm forderte. Die Huld seines Fürsten hatte ihn von manchen lästigen Geschäften befreit. Auch ward ihm, nach einem früher mitgetheilten Geständnisse, "sein Tagewerk leicht." Gleichwohl beklagte er sich in einem im Februar 1781 an Lavater geschriebenen Briefe, daß er fast zu viel auf sich lade. Er fügte hinzu: "Staatssachen sollte der Mensch, der darein versetzt ist, sich ganz widmen, und ich möchte doch auch so vieles Andere nicht fallen lassen."

In gleichem Sinne hatte er schon in einem frühern Briefe an Lavater geäußert: "Den guten Landes- und Hausvater würdest du näher nur bedauern. Was da auszustehen ist, spricht keine Zunge aus. Herrschaft wird Niemand angeboren, und der sie ererbte, muß sie so bitter gewinnen, wie der Eroberer, wenn er sie haben will, und bitterer. Es versteht dieß kein Mensch, der seinen Wirkungskreis aus sich geschaffen und ausgetrieben hat." Dann tröstete er sich wieder mit dem behaglichen Gefühl der Gesundheit. In einem Briefe an Lavater vom 18. März 1781 sprach er den Wunsch aus, daß Gott ihn noch lange auf dieser schönen Welt erhalten und ihm Kraft verleihen möchte, ihr zu dienen und sie zu nutzen. "Mit mir steht's gut," schrieb er, "besonders innerlich. In weltlichen Dingen erwerb' ich täglich mehr Gewandtheit, und vom Geiste fallen mir täglich Schuppen und Nebel, daß ich denke, er müßte ganz nackt dastehen, und doch bleiben ihm noch Hüllen genug."

Was ihn besonders über den Druck und Wechsel äußerer Lebensverhältnisse erhob, war Goethe's Sinn für die Schönheiten der Natur. Mannigfachen Genuß bot ihm sein am Weimarischen Park gelegener Garten. "Die nächsten Wochen des Frühlings," schrieb er den 9. April 1781 an Lavater, "sind mir gesegnet. Jeden Morgen empfängt mich eine neue Blume oder Knospe. Die stille, reine, immer wiederkehrende, leidenlose Vegetation tröstet mich oft über der Menschen Noth, ihre moralischen und noch mehr physischen Uebel." Aehnliche Aeußerungen enthielt ein späterer Brief an Lavater vom 22. Juni 1781. "Glaube mir," schrieb Goethe, "unsere moralische und politische Welt ist mit unterirdischen Gängen, Kellern und Kloaken minirt, wie eine große Stadt zu seyn pflegt, an deren Zusammenhang und ihrer Bewohner Verhältnisse wohl Niemand denkt und sinnt. Nun wird es dem, der davon einige Kundschaft hat, viel begreiflicher, wenn da einmal der Erdboden einstürzt, und dort einmal ein Rauch aufgeht aus einer Schlucht."

Von solchen Betrachtungen wandte sich Goethe, wie er es schon in seiner Jugend gethan, zum Uebersinnlichen. "Ich bin," schrieb er an Lavater, "geneigter als Jemand, noch an eine Welt, außer der sichtbaren, zu glauben, und ich habe Dichtungs- und Lebenskraft genug, sogar mein eignes beschränktes Selbst zu einem Swedenborgischen Geister-Universum erweitert zu fühlen. Alsdann mag ich aber gern, daß das Alberne und Ekelhafte menschlicher Excremente durch eine feine Gährung abgesondert, und der reinlichste Zustand, in den wir versetzt werden können, empfunden werde."

Unter mannigfachen Arbeiten und Zerstreuungen war Goethe, nach seinen eignen Worten, wieder zur Poesie zurückgekehrt. Neben der noch unvollendeten "Iphigenie" beschäftigte ihn die Idee, Torquato Tasso, den Dichter des befreiten Jerusalems, zum Helden eines Drama's zu wählen. Den Stoff zu den Umgebungen seines Schauspiels fand er an dem Hofe der Herzogin Amalie von Weimar. Dort lernte er den Ton kennen, der solchen Umgebungen ziemte. Seinem Freunde Lavater berichtete Goethe den 14. November 1781, er habe den ersten Act seines "Tasso" vollendet. "Ich wünsche," fügte er hinzu, "daß er auch für dich geschrieben seyn möchte." Goethe befand sich übrigens in einer Stimmung und in Verhältnissen, die der raschen Förderung seines Werks nicht günstig schienen. "Die Unruhe, in der ich lebe," schrieb er, ["]läßt mich nicht über dergleichen vergnügliche Arbeiten bleiben, und so sehe ich auch noch nicht den Raum vor mir, die übrigen Acte zu enden. Es geht mir, wie es den Verschwendern geht, die in dem Augenblicke, wenn über Mangel an Einnahme, überspannte Schulden und Ausgaben geklagt wird, gleichsam von einem Geiste des Widerspruchs außer sich gesetzt, sich in neue Verbindungen und Unkosten zu stürzen pflegen."

Treffend hatte Goethe in diesem Briefe sich selbst und die Beweglichkeit seines Geistes geschildert, die ihn nicht lange bei einem und demselben Gegenstande verweilen ließ. Auch das dramatische Interesse vermochte ihn nicht ausschließlich zu fesseln. In dem eben erwähnten Briefe meldete Goethe: "Auf unserer Zeichnungsakademie hab' ich mir diesen Winter vorgenommen, mit den Lehrern und Schülern den Knochenbau des menschlichen Körpers durchzugehen, sowohl um ihnen als mir zu nützen, sie auf das Merkwürdige dieser einzigen Gestalt zu führen, und sie dadurch auf die erste Stufe zu stellen, das Bedeutende in der Nachahmung sichtlicher Dinge zu erkennen und zu suchen. Zugleich behandle ich die Knochen als einen Text, woran sich alles Leben und alles Menschliche anhängen läßt; habe dabei den Vortheil, zweimal die Woche öffentlich zu reden, und über Dinge, die mir werth sind, mich mit aufmerksamen Menschen zu unterhalten.["] Das sei, meinte er, ein Vergnügen, dem er in dem gewöhnlichen Welt-, Geschäfts- und Hofleben entsagen müßte. Seine Jahre spornten ihn zu verdoppelter Thätigkeit. "Mit meinem Leben," schrieb er, "rückt es stark vor, und ich fange nun bald an zu begreifen, warum wir, sobald wir uns hienieden einzurichten angefangen haben, wieder weiter müssen."

Ueberhäufte Amtsgeschäfte nahmen damals Goethe's Kräfte fast übermäßig in Anspruch. Den 16. Juli 1782 schrieb er an Merk: "Es geht mir, wie dem

Treufreund in meinen Vögeln. Mir wird ein Stück des Reichs nach dem andern auf einem Spaziergange übertragen. Diesmal muß mir's nun freilich Ernst, sehr Ernst seyn, denn mein Herr Vorgänger hat mir viel Arbeit gemacht. Manchmal wird mir's sauer, denn ich stehe redlich aus. Dann denk' ich wieder: Hic est aut nusquam, quod quaerimus." Auf ähnliche Weise äußerte sich Goethe in einem spätern Briefe vom 29. Juli 1782: "Von mir hab' ich nichts zu sagen, als daß ich mich meinem Beruf aufopfere, in dem ich nichts weiter suche, als wenn es das Ziel meiner Begriffe wäre."

Von den irdischen Angelegenheiten wandte sich Goethe wieder zu dem Uebersinnlichen. Sein Interesse daran ward durch den Briefwechsel mit Lavater lebendig erhalten. "Daß du", schrieb er den 4. October 1782, "mir noch einmal den innern Zusammenhang deiner Religion vorlegen wolltest, war mir sehr willkommen. Wir werden ja nun wohl bald einmal einander über diesen Punkt kennen und in Ruhe lassen. Großen Dank verdient die Natur, daß sie in die Existenz eines jeden lebenden Wesens auch so viel Handlungskraft gelegt hat, daß es sich, wenn es an einem oder dem andern Ende zerrissen wird, selbst wieder zusammenflicken kann; und was sind tausendfältige Reigionen anders, als tausendfache Aeußerungen dieser Heilungskraft? Mein Pflaster schlägt bei dir nicht an, deins nicht bei mir; in unsres Vaters Apotheke sind viel Recepte. So hab' ich auf deinen Brief nichts zu antworten, nichts zu widerlegen; aber dagegen zu stellen hab' ich vieles. Wir sollten einmal unsere Glaubensbekenntnisse in zwei Columnen neben einander setzen, und darauf einen Friedens- und Toleranzbund errichten."

Näher, als diese religiösen Betrachtungen, lagen Goethe's Liebe zur Natur und seinem heitern Weltsinn seine geognostischen und mineralogischen Studien. Auch die Osteologie hatte er, wie bereits erwähnt, in den Kreis seiner Forschungen gezogen. "Ich freue mich", schrieb er den 23. April 1784 an Merk, "daß du so frisch fort arbeitest in deinem Knochenwesen. Ich habe die Zeit über auch Verschiedenes in anatomicis, wie es die Zeit erlauben wollte, gepfuscht, wovon ich vielleicht ehestens etwas werde produciren können." In einem spätern Briefe an Merk, vom 6. August 1784, schrieb Goethe: "Schicke mir den Schädel deiner Myrmecophaga sobald als möglich; du erzeigst mir dadurch einen außerordentlichen Gefallen. Ich brauche ihn zu meiner Inauguraldisputation, durch welche ich mich in eurem docto corpore zu legitimiren gesonnen bin. Das eigentliche Thema halte ich noch geheim, um euch eine angenehme Ueberraschung zu machen. Ich komme nunmehr wieder auf den Harz, und werde meine mineralogischen und oryktologischen Beobachtungen, in denen ich bisher unermüdet fortgefahren, immer weiter treiben. Ich fange an, auf Resultate zu kommen, die ich aber bis jetzt noch für mich behalte." Diese Resultate theilte Goethe bald nachher in einer in seinen Werken aufbewahrten Abhandlung mit, in welcher er zu beweisen suchte, "daß den Menschen, wie den Thieren, ein Zwischenknochen der obern Kinnlade zuzuschreiben sei."

Goethe's Dichtertalent schien unter so heterogenen Beschäftigungen zu schlummern. Die früher erwähnten Anfänge des "Wilhelm Meister" hatten lange geruht. Eine ganz neue Richtung erhielten Goethes

Lebensverhältnisse und seine Thätigkeit, als die Huld seines Fürsten ihm vergönnte, das Land zu sehen, das von frühester Jugend an ein Gegenstand seiner Sehnsucht gewesen. Im September 1786 reiste er nach Italien. Dort fand sein reiches Gemüth die gleiche Empfänglichkeit für das Hohe und kindlich Liebliche, sein tiefer Sinn für Natur und Kunst die vollste Befriedigung.

Das unvollendete Manuscript seiner "Iphigenie" hatte Goethe nach Italien mitgenommen. Dieser erste Entwurf, völlig abweichend in der Form, die jenes Schauspiel später erhielt, ist von A. Stahr (Oldenburg 1839) veröffentlicht worden. Goethe schrieb darüber den 8. September 1786: "Das Stück, wie es gegenwärtig da steht, ist mehr Entwurf, als Ausführung; es ist in poetischer Prosa geschrieben, die sich manchmal in einen jambischen Rhythmus verliert, auch wohl andern Sylbenmaßen ähnelt. Dies thut freilich der Wirkung großen Eintrag, wenn man es nicht sehr gut liest und durch gewisse Kunstgriffe diese Mängel zu verbergen weiß. Herder legte mir dies so dringend an's Herz, und da ich meinen größern Reiseplan ihm, wie Allen, verborgen hatte, so glaubte er, es sei nur wieder von einer Bergwandrung die Rede, und weil er sich gegen Mineralogie und Geologie immer spöttisch äußerte, meinte er, ich sollte, statt taubes Gestein zu klopfen, meine Werkzeuge an diese Arbeit wenden. Jetzt sondere ich die Iphigenie aus dem Packet, und nehme sie mit mir in das schöne warme Land als Begleiterin. Der Tag ist so lang, das Nachdenken ungestört, und die herrlichen Bilder der Urwelt verdrängen keineswegs den poetischen Sinn; sie rufen ihn vielmehr, von Bewegung und freier Luft begleitet, nur desto schneller hervor."

Am 28. September 1786 war Goethe in Venedig angekommen. "Ich bin hier," schrieb er, "gut logirt in der Königin von England, nicht weit vom Marcusplatze. Meine Fenster gehen auf einen schmalen Canal zwischen hohen Häusern. Gleich unter mir befindet sich eine einbogige Brücke, und gegenüber ein schmales, belebtes Gäßchen. So wohn' ich, und die Einsamkeit, nach der ich oft so sehnsuchtsvoll geseufzt, kann ich nun recht genießen; denn nirgends fühlt man sich einsamer, als im Gewimmel, wo man sich, Allen ganz unbekannt, durchdrängt."

Ermüdet von einer Wandrung durch die Stadt mit ihren Canälen, Brücken und Brückchen, setzte sich Goethe am Michaelisfeste, wo eine ungeheure Menschenmasse über den Rialto nach der Kirche zog, in eine Gondel. Durch den nördlichen Theil des großen Canals fuhr er in die Lagunen bis gegen den Marcusplatz. Er überließ sich seinen einsamen Betrachtungen. "So war ich nun," schrieb er, "auf einmal ein Mitherr des adriatischen Meeres, wie jeder Venetianer sich fühlt, wenn er sich in seine Gondel legt. Ich gedachte dabei meines Vaters, der nichts Besseres wußte, als von diesen Dingen zu erzählen. Wird mir's nicht auch so gehen? Alles, was mich umgibt, ist würdig, ein großes Werk versammelter Menschenkraft, ein herrliches Monument, nicht eines Gebieters sondern eines Volkes. Und wenn auch ihre Lagunen sich nach und nach ausfüllen, böse Dünste über dem Sumpfe schweben, ihr Handel geschwächt, ihre Macht gesunken ist, so wird die ganze Anlage der Republik und ihr Wesen nicht einen Augenblick dem Beobachter unehrwürdig seyn. Sie unterliegt der Zeit, wie Alles, was ein erscheinendes Daseyn hat."

Einen genußreichen Abend versprach sich Goethe im Theater St. Chrysostomo. Die Vorstellung von Crebillon's Electra befriedigte ihn nicht, ungeachtet des im Allgemeinen braven Spiels. "Indessen," schrieb er, "hab' ich doch wieder gelernt. Der italienische, immer einsylbige Jambe hat für die Deklamation große Unbequemlichkeit, weil die letzte Sylbe durchaus kurz ist, und wider den Willen des Declamators in die Höhe schlägt."

Lebhafter, als für die italienische Bühne, interessirte sich Goethe für die Baukunst, die, nach seinen eignen Worten, "wie ein Geist aus dem Grabe hervorstieg." Fleißig studirte er den Vitruv, Palladio und andere Schriftsteller, um so zu einer klaren Vorstellung von jenen werthvollen Ueberresten vergangner Zeit zu gelangen. Als er nach einem vierzehntägigen Aufenthalt in Venedig am 14. October 1786 die Stadt wieder verließ, und über Ferrara, Cento, Bologna, Lugano, Perugia, Terni und Citta nach Rom reiste, glaubte er sich das Zeugniß geben zu können: "Ich bin nur kurze Zeit in Venedig gewesen, aber ich habe mir die dortige Existenz genugsam zugeeignet, und weiß, daß ich, wenn auch einen unvollständigen, doch einen ganz klaren und wahren Begriff mit wegnehme."

Begeistert von dem Eindruck mehrerer Gemälde Raphael's, die er in Bologna betrachtet hatte, besonders einer heiligen Agathe, schrieb Goethe den 19. October 1786: "Ich habe mir die Gestalt wohl gemerkt, und werde ihr im Geist meine Iphigenie vorlesen, und meine Heldin nichts sagen lassen, was diese Heilige nicht aussprechen möchte. — Da ich einmal dieser süßen Bürde gedenke, die ich auf meinen Wandrungen mit mir führe, so kann ich nicht verschweigen, daß zu den großen Kunst- und Naturgegenständen, durch die ich mich durcharbeiten muß, noch eine wundersame Folge von poetischen Gestalten hindurchzieht, die mich beunruhigen. Von Cento herüber wollte ich meine Arbeit an Iphigenie fortsetzen; aber was geschah? Der Geist führte mir das Argument der Iphigenie von Tauris vor die Seele, und ich mußte es ausbilden. So kurz als möglich sei es hier verzeichnet: Electra, in gewisser Hoffnung, daß Orest das Bild der Taurischen Diana nach Delphi bringen werde, erscheint in dem Tempel des Apoll, und widmet die grausame Axt, die so viel Unheil in Pelops Hause angerichtet, als schließliches Sühnopfer dem Gotte. Zu ihr tritt leider einer der Griechen, und erzählt, wie er Orest und Pylades nach Tauris begleitet, die beiden Freunde zum Tode führen sehen, und sich glücklich gerettet habe. Die leidenschaftliche Electra kennt sich selbst nicht, und weiß nicht, ob sie gegen Götter oder Menschen ihre Wuth richten soll. Indessen sind Iphigenie, Orest und Pylades gleichfalls in Delphi angekommen. Iphigenie'ns heilige Ruhe contrastirt gar merkwürdig mit Electra's irdischer Leidenschaft, als die beiden Gestalten, wechselseitig unerkannt, zusammentreffen. Der entflohene Grieche erblickt Iphigenie'n, erkennt die Priesterin, welche die Freunde geopfert, und er entdeckt es Electra. Diese ist im Begriff, mit demselben Beil, welches sie dem Altar wieder entreißt, Iphigenie'n zu ermorden, als eine glückliche Wendung dieses letzte schreckliche Uebel von den Geschwistern abwendet." Wenn diese Scene gelänge, meinte Goethe, dürfte nicht leicht etwas Größeres und Rührenderes auf der Bühne gesehen worden seyn.

"Aber," fügte er hinzu, "wo soll man Hände und Zeit hernehmen, wenn auch der Geist willig wäre?"

Groß und gewaltig war der Eindruck, den die "Hauptstadt der Welt" auf Goethe's Gemüth machte. So nannte er Rom in einem Briefe vom 1. November 1786. In lebhafter Erinnerung an die römischen Prospecte im elterlichen Hause, schrieb Goethe: "Alle Träume meiner Jugend seh' ich nun erfüllt, ich sehe die ersten Kupferbilder wieder. Was ich in Gemälden, Zeichnungen und Holzschnitten schon lange gekannt, steht nun beisammen vor mir. Wohin ich gehe, finde ich eine Bekanntschaft in einer neuen Welt. Es ist Alles, wie ich mir's dachte, und Alles neu. Eben dies kann ich von meinen Betrachtungen, von meinen Ideen sagen. Ich habe keinen ganz neuen Gedanken gehabt, nichts ganz fremd gefunden; aber die alten Ideen sind so bestimmt, so lebendig, so zusammenhängend geworden, daß sie für neu gelten können."

Zu Goethe's vorzüglichsten Bekanntschaften in Rom gehörte der Fürst Lichtenstein, der italienische Dichter Monti, der besonders durch seine mythologischen Forschungen bekannte Schriftsteller Moritz und der Historienmaler Tischbein. Mit dem Letztern hatte Goethe schon früher in Briefwechsel gestanden. Durch Tischbein gelangte er zu einem klaren Verständniß und einer richtigen Würdigung der zahlreichen und unschätzbaren Gemälde Raphael's, Michel Angelo's u.A. in der Peterskirche und besonders in der Sixtinischen Capelle.

Eine treuere Anhänglichkeit und eine an Schwärmerei grenzende Vorliebe für seine literarischen Erzeugnisse, besonders für den Werther, zeigte keiner von Goethe's Freunden in solchem Grade, als Moritz. Goethe interessirte sich lebhaft für ihn, und nahm innigen Antheil an seinem Schicksal, als Moritz durch einen unglücklichen Fall den Arm brach. Goethe schrieb darüber: "Was ich bei diesem Leidenden als Wärter, Beichtvater und Vertrauter, als Finanzminister und geheimer Secretär erfahren und gelernt, mag mir in der Folge zu Gute kommen. Die fatalsten Leiden und die edelsten Genüsse gingen diese Zeit über immer einander zur Seite."

Charakteristisch in mehrfacher Hinsicht war ein Schreiben, welches Goethe im November 1786 an den Herzog von Weimar richtete. "Wie dank' ich Ihnen," schrieb er aus Rom, "daß Sie mir diese köstliche Muße geben und gönnen. Da doch einmal von Jugend auf mein Geist diese Richtung genommen, so hätt' ich nie ruhig werden können, ohne dies Ziel zu erreichen. Mein Verhältniß zu den Geschäften ist aus meinem persönlichen zu Ihnen entstanden; lassen Sie nun ein neues Verhältniß zu Ihnen nach so manchen Jahren aus dem bisherigen hervorgehen. Ich darf wohl sagen, ich habe mich in dieser Einsamkeit selbst wiedergefunden. Aber als was? Als Künstler! Was ich sonst noch bin, werden Sie beurtheilen und nutzen. Sie haben durch Ihr fortdauerndes wirkendes Leben jene fürstliche Kenntniß, wozu die Menschen zu benutzen sind, immer mehr erweitert und geschärft, wie mir jeder Ihrer Briefe deutlich sehen läßt. Dieser Beurtheilung unterwerfe ich mich gern. Fragen Sie mich über die Symphonie, die Sie zu spielen gedenken; ich will gern und ehrlich jederzeit meine Meinung sagen. Lassen Sie mich an Ihrer Seite das ganze Maß meiner Existenz ausfüllen, so wird meine Kraft, wie eine neu geöffnete, gesammelte, gereinigte Quelle, von einer Höhe nach Ihrem Willen leicht da oder dorthin zu leiten seyn. Schon sehe ich, was mir die Reise genützt, wie sie mich aufgeklärt und meine Existenz erheitert hat. Wie Sie mich bisher getragen, sorgen Sie ferner für mich. Sie thun mir mehr wohl, als ich selbst kann, als ich wünschen und verlangen darf. Ich habe so ein großes und schönes Stück Welt gesehen, und das Resultat ist, daß ich nur mit Ihnen und den Ihrigen leben mag. Ja, ich würde Ihnen noch mehr werden, als ich oft bisher war, wenn Sie mich nur das thun lassen, was Niemand als ich thun kann, und das Uebrige Andern auftragen. Ihre Gesinnungen, die Sie mir in Ihrem Briefe zu erkennen gaben, sind so schön, für mich bis zur Beschämung ehrenvoll, daß ich nur sagen kann: Herr, hier bin ich, mache aus deinem Knechte, was du willst."

In einem spätern Schreiben an den Herzog von Weimar sprach Goethe den Wunsch aus, das Land seines Fürsten nach seiner Rückkehr "als Fremder durchreisen zu dürfen." Mit ganz frischem Auge, meinte er, würde ihn dann die Gewohnheit, Land und Welt zu sehen, jede Provinz betrachten lassen. "Ich würde," fügte er hinzu, "mir nach meiner Art ein neues Bild machen, einen vollständigen Begriff erlangen, und mich zu jeder Art von Dienst gleichsam auf's neue qualificiren, zu dem mich Ihre Güte, Ihr Zutrauen bestimmen will. Bei Ihnen und den Ihrigen ist mein Herz und Sinn, wenn sich gleich die Träume einer Welt in die Wagschale legen. Der Mensch bedarf wenig; Liebe und Sicherheit seines Verhältnisses zu dem einmal Gewählten und Gegebenen kann er nicht entbehren." So bewahrte Goethe mit reiner Pietät die treue Anhänglichkeit und innige Verehrung für einen Fürsten, dem er sein Lebensglück und die Muße zu seiner literarischen Thätigkeit verdankte.

Fleißig beschäftigte sich Goethe in Rom mit der Fortsetzung und Vollendung der Iphigenie. Zu Anfange des Jahres 1787 war er damit fertig geworden. In einem Briefe vom 6. Januar machte er die Orte namhaft, wo er sich vorzugsweise mit seiner dramatischen Dichtung beschäftigt hatte. Er schrieb darüber: "Am Garda-See, als der gewaltige Mittagswind die Wellen an's Ufer trieb, und wo ich wenigstens so allein war, als meine Heldin am Gestade von Tauris, zog ich die ersten Linien der neuen Bearbeitung, die ich in Verona, Vicenza, Padua, am fleißigsten aber in Venedig fortsetzte. Dann aber gerieth die Arbeit in Stocken. Ich ward auf eine neue Erfindung geführt, nämlich Iphigenie auf Delphi zu schreiben, was ich auch sogleich gethan hätte, wenn nicht die Zerstreuung und ein Pflichtgefühl gegen das ältere Stück mich davon abgehalten hätten."

Was ihn dazu bewog, seine Iphigenie ursprünglich in Prosa zu schreiben, war, nach seinen eignen Worten "die Unsicherheit, in der die deutsche Prosodie schwebe." "Es ist auffallend," schrieb er, "daß wir in unserer Sprache nur wenige Sylben finden, die entschieden kurz oder lang sind; mit den übrigen verfährt man nach Geschmack und Willkühr." Ungeachtet dieser Bemerkungen gab er späterhin seinem Schauspiel eine metrische Form. Das vollendete Manuscript hatte er nach Weimar gesandt, um das Urtheil seiner Freunde zu vernehmen. In den ruhigen Gang des Stücks konnten sie sich nicht sogleich finden. Sie hatten mehr leidenschaftliche Bewegung erwartet, "etwas Berlichingisches", wie Goethe sich darüber äußerte. Immer dachten sie sich den Dichter noch in seiner poetischen Sturm- und Drangperiode, die längst für ihn vorüber war.

In einem Briefe vom 21. Februar 1787 beklagte sich Goethe, noch kein gründliches und erschöpfendes Urtheil über die Iphigenie gehört zu haben. Das könnte ihm, meinte er, zur Leitung dienen bei seinem "Tasso", denn das sei doch eine ähnliche Arbeit. Von diesem Schauspiel hatte er damals die ersten Scenen entworfen. "Der Gegenstand," schrieb er, "ist fast noch beschränkter, als in der Iphigenie, und will daher im Einzelnen noch mehr ausgearbeitet seyn. Doch weiß ich noch nicht, was es werden wird. Das Vorhandene muß ich ganz zerstören. Es hat zu lange gelegen, und weder die Personen, noch der Plan, noch der Ton haben mit meiner jetzigen Ansicht die geringste Verwandtschaft."

Bestärkt ward Goethe in diesem Entschluß durch den Beifall, der von einsichtsvollen Freunden seiner Umarbeitung der Iphigenie gezollt ward. Ihn selbst ließ sein Schauspiel auch in der veränderten Form unbefriedigt.

Indeß tröstete er sich darüber in einem Briefe vom 16. März 1787. Eine solche Arbeit, meinte er, werde eigentlich nie fertig; man müsse sie für fertig erklären, wenn man nach Zeit und Umständen das Möglichste gethan habe. "Das soll mich aber," fügte er hinzu, "nicht abschrecken, mit dem Tasso eine ähnliche Operation vorzunehmen. Lieber würfe ich ihn in's Feuer. Aber ich will bei meinem Entschluß beharren, und da es einmal nicht anders ist, so wollen wir ein wunderlich Werk daraus machen."

Beschäftigt mit seiner dramatischen Dichtung, blieb Goethe, wenn man den Umgang mit dem Landschaftsmaler Hackert ausnimmt, dessen Leben er später so anziehend beschrieb, auch in Neapel "dem eigensinnigen Einsiedlersinn" treu, der ihm schon in Rom von seinen Freunden zum Vorwurf gemacht worden war. "Freilich scheint es," schrieb er, "ein wunderliches Beginnen, daß man in die Welt geht, um allein bleiben zu wollen." Während Goethe sich aber dem geselligen Leben entzog, streifte er in der Umgegend umher. "Neapel ist ein Paradies," äußerte er in dem vorhin mitgetheilten Briefe. "Jedermann lebt in einer Art von trunkener Selbstvergessenheit. Mir geht es eben so. Ich erkenne mich kaum, ich scheine mir ein ganz anderer Mensch."

Längere Zeit schwankte Goethe in dem Entschluß, auch Sicilien zu besuchen. "Eine Seereise," schrieb er, "fehlt mir ganz in meinen Begriffen. Die kleine Ueberfahrt, vielleicht eine Küstenumschiffung, wird meiner Einbildungskraft nachhelfen und mir die Welt erweitern. Und so geh' ich denn Donnerstag den 29sten mit der Corvette, die ich, des Seewesens unkundig, in meinem vorigen Briefe zum Rang einer Fregatte erhob, nach Palermo."

Von der Seekrankheit befallen, wagte sich Goethe längere Zeit nicht wieder auf's Verdeck, und mußte so den herrlichen Anblick der Küsten und Inseln entbehren. "Abgeschlossen von der äußern Welt," schrieb er, "ließ ich die innere walten, und da eine langsame Fahrt vorauszusehen war, gab ich mir gleich zu bedeutender Unterhaltung ein starkes Pensum auf. Die zwei ersten Acte des Tasso, in poetischer Prosa geschrieben, habe ich von allen Papieren allein mit über See genommen. Diese beiden Acte, schon vor mehreren Jahren geschrieben, hatten etwas Weichliches, Nebelhaftes, welches sich jedoch bald verlor, als ich, nach neueren Ansichten, die Form vorwalten und den Rhythmus eintreten ließ."

Einen begeisternden Eindruck machte auf Goethe der majestätische Anblick des Meeres mit seinen zahllosen Inseln. In dieser lebendigen Umgebung glaubte er, nach seinen eignen Worten, den besten Commentar zu Homers Odyssee zu finden, deren Lectüre ihn damals beschäftigte. "Was den Homer betrifft," schrieb er an Herder, "so ist mir eine Decke von den Augen gefallen. Die Beschreibungen, die Gleichnisse u.s.w. kommen uns poetisch vor, und sind doch unsäglich natürlich, aber freilich mit einer Reinheit und Innigkeit bezeichnet, vor der man erschrickt. Selbst die sonderbarsten erlogensten Begebenheiten haben eine Natürlichkeit, die ich nie so gefühlt habe, als in der Nähe der betriebenen Gegenstände. Ich möchte den Gedanken kurz so ausdrücken: *sie* stellen die Existenz dar; *wir* gewähren den Effect; *sie* schildern das Fürchterliche; *wir* schildern fürchterlich; *sie* das Angenehme, *wir* angenehm. Daher kommt alles Uebertriebene, alle falsche Grazie, aller Schwulst. Wenn das, was ich sage, nicht neu ist, so hab' ich es doch bei neuem Anlaß recht lebhaft gefühlt. Nun ich alle diese Küsten und Vorgebirge, Golfe und Buchten, Inseln und Erdzungen, Felsen und Sandstreifen, buschige Hügel, sanfte Wälder, fruchtbare Felder, geschmückte Gärten, gepflegte Bäume, hängende Reben, Wolkenberge und immer heitere Ebenen, Klippen und Bänke und das alles umgebende Meer mit so vielen Abwechselungen und Mannigfaltigkeiten vor mir habe — nun ist mir erst die Odyssee ein lebendiges Wort."

Ergriffen von diesen Ideen, wollte Goethe in der Heldin einer Tragödie, "Nausikaa" betitelt, von welcher sich jedoch nur die zwei ersten Scenen des ersten Acts in Goethe's Werken erhalten haben, nach seinen eignen Aeußerungen, "eine treffliche, von Vielen umworbene Jungfrau darstellen, die keiner Neigung sich bewußt, alle Freier bisher ablehnend behandelt, durch einen sittsamen Fremdling aber gerührt, aus ihrem Zustande herausträte und durch eine voreilige Aeußerung ihrer Neigung sich compromittirte." Von dieser Situation versprach sich Goethe eine große tragische Wirkung. Der Reichthum der subordinirten Motive und besonders das Meer- und Inselhafte der Ausführung sollte, nach Goethe's Ansicht, jener einfachen Fabel ein besonderes Interesse geben. Er war so ergriffen von seinem Gegenstande, daß er darüber, wie er äußerte, "seinen Aufenthalt zu Palermo, ja den größten Theil seiner übrigen sicilianischen Reise verträumte."

Der lebendige Antheil an jenem Süjet verlor sich jedoch bald wieder. In einem Briefe vom 17. April 1787 beklagte sich Goethe "über das wahrhafte Unglück, von vielerlei Geistern verfolgt und versucht zu werden." In einem öffentlichen Garten weckte die Betrachtung mehrerer dort blühender Gewächse in ihm eine alte Lieblingsidee. Er wollte, wo möglich, unter dieser Schaar die Urpflanze entdecken. Eine poetische Form gab Goethe dieser Idee in seinem Gedicht. "die Metamorphose der Pflanzen." Wissenschaftlich erörterte er jenen Gegenstand in seinem 1790 gedruckten "Versuch, die Metamorphose der Pflanzen zu erklären."

Wie Goethe die Natur überhaupt, besonders aber im Gegensatze zur Kunst betrachtete, zeigten die nachfolgenden Aeußerungen in einem Schreiben an die Herzogin Luise von Sachsen-Weimar: "Das geringste Product der Natur hat den Kreis seiner Vollkommenheit in sich, und ich darf nur Augen haben, um zu sehen, so kann ich die Verhältnisse entdecken; ich bin sicher, daß innerhalb eines kleinen Cirkels eine ganze wahre Existenz beschlossen ist. Ein Kunstwerk hingegen hat seine Vollkommenheit außer sich; das Beste liegt in der Idee des Künstlers, die er selten oder nie erreicht; alles Folgende in gewissen angenommenen Gesetzen, welche zwar aus der Natur der Kunst und des Handwerks hergeleitet, aber doch nicht so leicht zu verstehen und zu entziffern sind, als die Gesetze der lebendigen Natur. Bei den Kunstwerken ist viel Tradition, die Naturwerke sind immer wie ein frisch ausgesprochenes Wort Gottes."

Ueber die vorhin erwähnte Idee einer Metamorphose der Pflanzen erklärte sich Goethe näher in einem Briefe an Herder vom März 1787. Er äußerte darin, daß er dem Geheimniß der Pflanzenerzeugung und Organisation ganz nahe gekommen sei, und meinte, daß es nichts Einfacheres gehen könnte. Unter dem italienischen Himmel ließen sich darüber die herrlichsten Beobachtungen anstellen. "Den Hauptpunkt, wo der Keim steckt," schrieb Goethe, "hab' ich ganz klar und zweifellos gefunden. Alles Uebrige sah ich schon im Ganzen, und nur noch einige Punkte müssen bestimmter werden. Die Urpflanze wird das wunderlichste Geschöpf von der Welt, um welches die Natur selbst mich beneiden soll. Mit diesem Modell und dem Schlüssel dazu, kann man alsdann Pflanzen in's Unendliche erfinden, die consequent seyn müssen, d. h. die, wenn sie auch nicht existiren, doch existiren können, und nicht etwa malerische und dichterische Schatten und Scheine sind, sondern innerliche Wahrheit und Nothwendigkeit haben." Dasselbe Gesetz, meinte Goethe, werde sich auf alles übrige Lebende anwenden lassen.

In mehreren von Goethe's damaligen Briefen regte sich die Sehnsucht, wieder in seine Heimath zurückzukehren. Besonders freute er sich auf das Wiedersehen Herders, mit dem er stets in innigen Verhältnissen gelebt hatte. An ihn schrieb er den 17. März 1787. "Wir sind so nahe in unserer Vorstellungsweise, als es möglich ist, ohne eins zu seyn, und in den Hauptquellen am nächsten. Wenn du diese Zeit her viel aus dir selbst geschöpft hast, so hab' ich viel erworben, und ich kann einen guten Tausch machen. Ich bin freilich mit meiner Vorstellung sehr an's Gegenwärtige geheftet, und je mehr ich die Welt sehe, desto weniger kann ich hoffen, daß die Menschheit je Eine weise, kluge, glückliche Masse werden könne. Vielleicht ist unter den Millionen eine, die sich des Vorzugs rühmen kann; bei der Constitution der unsrigen bleibt mir so wenig für sie, als für Sicilien bei der seinigen zu hoffen."

In dieser Stimmung versprach sich Goethe viel von dem damals noch ungedruckten dritten Theil von Herders Ideen zu einer Geschichte der Philosophie der Menschheit. "Ich glaube selbst," schrieb Goethe, "daß die Humanität endlich siegen wird. Nur fürcht' ich, daß zu gleicher Zeit die Welt ein großes Hospital, und Einer des Andern humaner Krankenwärter seyn werde." Als ihn nun das sehnlich erwartete Buch begrüßte, schrieb er den 12. Oktober 1787 an Herder: "Den lebhaftesten Dank für die Ideen. Sie sind mir als das liebwertheste Evangelium gekommen. Die interessantesten Studien meines Lebens laufen da zusammen."

Lockerer ward nach Goethe's Rückkehr aus Italien das Band zwischen ihm und Herder. Was beide von einander trennte, war ihre verschiedenartige Stellung zu der Kantischen Philosophie, die damals ihren sich immer weiter ausbreitenden Einfluß geltend machte, und für die Wissenschaft, wie für Poesie und Kunst, ganz neue Principien aufstellte. Als Kant mit seiner "Kritik der reinen Vernunft" hervorgetreten war, erklärte sich Herder, obgleich er ein Schüler Kant's gewesen war, für einen seiner entschiedensten Gegner. Goethe aber, obgleich er für Philosophie im strengsten Sinne des Worts eigentlich kein Organ hatte, hielt sich doch zur Parthei derjenigen, die mit Kant behaupteten: wenn auch alle menschliche Erkenntniß mit der Erfahrung beginne, so entspränge sie darum doch nicht immer unbedingt aus der Erfahrung.

Während seines Aufenthalts in Rom hatte Goethe mit Moritz viel über Kunst und Kunsttheorie gesprochen. Immer hatte ihm eine feste Basis gefehlt. Diese glaubte er in einem spätern Werke Kant's, in der "Kritik der Urtheilskraft" zu finden. Daraus entsprang seine Vorliebe für dieß Buch und seine Abneigung gegen Herder, der es ihm zu verleiden suchte. Goethe glaubte diesen philosophischen Studien mannigfache Belehrung zu verdanken. Wenn er auch im Einzelnen nicht immer mit der Vorstellungsart und Ansichten Kant's übereinstimmen konnte, so schienen doch die

Hauptideen in der "Kritik der Urtheilskraft" seiner Denk- und Empfindungsweise im Allgemeinen analog. Das innere Leben der Kunst, wie der Natur, ihr beiderseitiges Wirken von innen heraus schien ihm klar ausgesprochen in jenem Werke Kant's, das kurze Zeit jene andere Lectüre verdrängte. Seine innere Ueberzeugung mußte ihm jedoch bald sagen, daß er für abstracte Philosophie und ihre metaphysischen Träume nicht geschaffen sei.

Ein höheres Interesse gewann für Goethe, bald nach seiner Ankunft in Weimar, das frische Naturleben, besonders als seine Vorliebe für Botanik durch Batsch, Göttling u.a. ausgezeichnete Männer in der benachbarten Universitätsstadt Jena aufs Neue angeregt ward. Die Aufsicht über die dortigen wissenschaftlichen Anstalten, die Einrichtung und Anordnung der Museen, die Pflege des botanischen Gartens gaben ihm eine ebenso angenehme, als lehrreiche Beschäftigung. Die Betrachtung der Natur, verbunden mit dem Studium der Botanik, entschädigte ihn für den Mangel eines Kunstlebens, wie er es in Italien genossen hatte. Immer kehrte Goethe, auch wenn er sich eine Zeit lang daraus entfernte, wieder in dieß Gebiet zurück. Ihm blieb ein lebendiges Interesse, der Bildung und Umbildung organischer Naturen nachzuforschen. Die von ihm selbst in seiner "Metamorphose der Pflanzen" aufgestellte Theorie diente ihm dabei zum Wegweiser. Aber die Natur schien ihm zugleich synthetisch zu handeln, indem sie völlig fremdartig scheinende Verhältnisse einander näherte und sie zusammen in Eins verknüpfte.

Unter diesen Forschungen wandte sich Goethes Thätigkeit abwechselnd wieder zu anderweitigen Beschäftigungen. Sein poetisches Talent übte sich, nach der Vollendung der "Iphigenie" und des "Tasso" an dem Trauerspiel "Egmont." Merkwürdig war ihm der Umstand, daß nach den Zeitungen die von ihm geschilderten Scenen sich in Brüssel fast wörtlich erneuert hatten. Noch vor dem Ausbruch der französischen Revolution hatte die berüchtigte Halsbandgeschichte, während seines Aufenthalts in Italien einen tiefen Eindruck auf ihn gemacht. Er hatte die über jenen Vorfall erschienenen Proceßacten mit Aufmerksamkeit gelesen. Die in Sicilien von ihm gesammelten "Nachrichten über Cagliostro und seine Familie" benutzte Goethe zu seinem Lustspiel: "Der Großcophta." Nach einzelnen, von dem Capellmeister Reichardt componirten Liedern zu schließen, hätte sich jener Stoff vielleicht noch besser zu einer Oper geeignet. Goethe versuchte sich indeß auch in der eben genannten Gattung der Poesie. Unvollendet blieb jedoch sein Singspiel: "die ungleichen Hausgenossen." Nachklänge seines Aufenthalts in Italien waren die "römischen Elegien" und die "venetianischen Epigramme." Sie wurden jedoch erst gedichtet nach einem abermaligen längern Aufenthalt Goethe's in Rom und Venedig (1790) im Gefolge der Herzogin Amalie von Sachsen-Weimar.

Kaum wieder aus Italien zurückgekehrt, begleitete Goethe den Herzog von Weimar nach Schlesien, wo die preußischen und österreichischen Gesandten sich auf dem Congreß zu Reichenbach versammelten. In Breslau, mitten unter der allgemeinen Bewegung, welche die Truppenmärsche und Manöver der verschiedenen Regimenter veranlaßten, ward Goethe wieder von der alten Lieblingsidee ergriffen, sich völlig zu isoliren, und mit Naturstudien, besonders aber mit der vergleichenden Anatomie sich zu beschäftigen. Zur festen Ueberzeugung ward ihm die Idee, daß ein allgemeiner, durch Metamorphose erzeugter Typus durch die sämmtlichen organischen Geschöpfe hindurchgehe und in allen seinen Abstufungen sich beobachten lasse. In mehreren, zum Theil ungedruckt gebliebenen Abhandlungen zergliederte Goethe dieß Thema. Er fand jedoch bald, daß die Aufgabe zu groß war, um genügend gelöst zu werden. Auf andere wissenschaftliche Gegenstände lenkte sich daher, als er wieder nach Weimar zurückgekehrt war, Goethe's Thätigkeit. Eine geräumige dunkle Kammer in seinem freigelegnen Wohnhause mit dem daran stoßenden Garten begünstigte seine chromatischen Untersuchungen, die damals ein lebhaftes Interesse für ihn gewonnen hatten. Zu einem besondern Gegenstande seiner Aufmerksamkeit machte er die prismatischen Erscheinungen. Die Resultate seiner Forschungen veröffentlichte Goethe in seinen "optischen Beiträgen," von denen 1791 das erste Stück erschien.

Seinem Dichtergenius und der Liebe zur dramatischen Poesie ward er wieder zurückgegeben, als er um diese Zeit die Leitung des Weimarischen Hoftheaters übernahm. Diese Bühne hatte sich aus den in Weimar zurückgebliebenen Mitgliedern der Bellomo'schen Schauspielertruppe gebildet, welche seit 1784 nicht ohne Beifall in der genannten Residenz gespielt hatte. Die unermüdliche Thätigkeit des Concertmeisters Cranz verschaffte besonders den italienischen und französischen Opern, welche Vulpius für das Theater bearbeitete, dort längere Zeit Aufnahme und Beifall. Beschäftigung und Unterhaltung zugleich fand Goethe, der die Leitung des Ganzen übernommen hatte, in den mannigfachen Versuchen, das Talent der Schauspieler zu wecken, und ihrem Spiel, wie der technischen Einrichtung der Bühne, eine immer höhere Vollkommenheit zu geben. In diesen Bemühungen unterstützte ihn besonders Einsiedel, der, mit gleicher Vorliebe für die Oper, im Gefolge der Herzogin Amalie aus Italien nach Weimar zurückgekehrt war. In diesem heitern Lebenskreise erhielt Goethe's Geist eine ernstere Richtung durch den Blick auf die damaligen Zeitereignisse nach dem Ausbruch der französischen Revolution. In den "Unterhaltungen deutscher Ausgewanderten," in den Lustspielen "der Bürgergeneral" und "die Aufgeregten", von denen das zuletzt genannte Stück unvollendet blieb, beschäftigte sich Goethe's Phantasie, einzelne Scenen des damaligen Kriegstheaters darzustellen, das er bald aus eigner Anschauung kennen lernen sollte. Es war um diese Zeit, als er den Herzog von Weimar auf dem Feldzuge in die Champagne begleitete. Ueber Frankfurt, Mainz, Trier und Luxemburg begab sich Goethe 1792 nach Longwi, welches er den 26. August schon eingenommen fand, von da nach Valmy und von Trier die Mosel hinab nach Coblenz.

Auch in diesem vielfach bewegten und zerstreuten Leben verlor Goethe seine wissenschaftlichen Forschungen nicht völlig aus den Augen. Manche Naturbeobachtungen und die fortgesetzte Beschäftigung mit seinen chromatischen Arbeiten lenkten seinen Blick von den Kriegsereignissen hinweg. Der Entwurf zu einer allgemeinen "Farbenlehre" fiel in diese Zeit. Aber auch Goethe's Dichtertalent regte sich wieder auf mannigfache Weise, unter andern in einer freien

Umarbeitung des altdeutschen Gedichts "Reinecke Fuchs," für welches er statt der Jamben Hexameter wählte, um sich in diesem, ihm noch wenig geläufigen Versmaß auch einmal zu versuchen.

In dem allgemeinen Kriegstumult, der ihn umgab, als er der Belagerung von Mainz beiwohnte, ward Goethe an die ruhigen bürgerlichen Verhältnisse seiner Vaterstadt Frankfurt erinnert durch einen Brief seiner Mutter, die ihm Aussichten eröffnete zu einer durch den Tod seines Oheims Textor erledigten Rathsherrnstelle. Viel Lockendes hatte die Aussicht für ihn, in seiner Vaterstadt rasch empor zu steigen von einer Ehrenstufe zur andern, und auf die reichsstädtische Verfassung Frankfurts einen bedeutenden Einfluß zu gewinnen. Aber das unumschränkte Vertrauen, das der Herzog von Weimar in ihn gesetzt, die mannigfachen Beweise der Huld seines Fürsten und ein nicht zu unterdrückendes Gefühl der Dankbarkeit waren für ihn mehr als hinreichend, jenen Antrag abzulehnen. Auch täuschte er sich wohl nicht, wenn er den neuen Wirkungskreis, in den er treten sollte, weder seinen Fähigkeiten, noch seinen Neigungen angemessen hielt.

Genußreiche Tage verlebte Goethe damals mit seinem Jugendfreunde Jacobi in Pempelfort, wo ihn eine geräumige und geschmackvoll decorirte Wohnung mit einem daran stoßenden Garten empfing. Der Tag ward meistens in der freien Natur zugebracht. Die Abende waren größtentheils der geselligen Unterhaltung über die neusten Erscheinungen im Gebiet der schönen Literatur gewidmet. Auch hier erlebte Goethe ein ähnliches Schicksal, wie bei der ersten Mittheilung des Manuscripts seiner "Iphigenie".

Seine Freunde konnten sich nicht sogleich finden in den Ton und Charakter seiner neusten poetischen Producte, ungeachtet er in denselben doch mit seinem Lebensgange immer gleichen Schritt gehalten zu haben glaubte. Das Verhältniß zu seinen Freunden ward dadurch nicht gestört. Er schied von ihnen mit den wohlthuenden Eindrücken, welche die Betrachtung der Gemäldegallerie in dem benachbarten Düsseldorf auf ihn gemacht hatte.

In Duisburg fand Goethe einen alten Bekannten wieder, den Sohn des Professors Plessing, den er vor sechzehn Jahren, wie früher erwähnt, auf seiner damaligen Harzreise in dem Gasthofe zu Wernigerode kennen gelernt hatte. Plessing hatte sich seitdem zu einem geachteten Schriftsteller erhoben. Aber sein früherer Trübsinn war nicht von ihm gewichen. Noch immer schien er nach einem Unerreichbaren zu streben. Das Gespräch zwischen ihm und Goethe gerieth bald in Stocken, als die Erinnerung an frühere Verhältnisse, auf die er immer wieder zurückkam, erschöpft war.

Freundlich und zuvorkommend war die Aufnahme, welche Goethe im November 1792 bei der vielseitig gebildeten Fürstin Amalie von Gallizin in Münster fand. Die Betrachtung einer kostbaren Sammlung von geschnittenen Steinen veranlaßte den Dichter zu der Bemerkung, daß die christliche Religion sich mit der bildenden Kunst von jeher in einer Art von Zwiespalt befunden habe, da jene sich von der Sinnlichkeit zu entfernen strebe, diese dagegen das sinnliche Element für ihren eigentlichen Wirkungskreis erkenne und darin verharre. Diese Idee legte Goethe dem sinnigen Gedicht: "der neue Amor" zum Grunde, welches man in der Sammlung seiner Werke findet.

Das vielfach bewegte Reiseleben hatte Goethe wieder mit den ruhigen Verhältnissen in Weimar vertauscht. Von den politischen Ereignissen, welche die Welt bedrohten, war er zum Theil ein Zeuge gewesen. Den Bürger, den Bauer, den Soldaten hatte er mit mannigfachen Drangsalen kämpfen sehen. Noch immer dauerten die ungeheuern Bewegungen fort, die die Revolution im Innern Frankreichs hervorgerufen hatte. Der Tod Ludwigs XVI. und seiner Gemahlin, die Greulthaten Robespierre's, Danton's und anderer damaliger Machthaber erfüllten die Welt mit Schrecken, und bei den raschen Kriegsschritten der aufgeregten französischen Nation schien eine Veränderung, wo nicht ein völliger Umsturz aller bestehenden Verhältnisse zu fürchten. Ueberall hörte man von Kriegsrüstungen und von Flüchtlingen, die in ihrer Heimath bedroht, anderswo ein Asyl suchten. Vergebens bot Goethe seiner Mutter einen ruhigen Aufenthalt in Weimar an. Sie fühlte keine Besorgniß für ihre eigne Person, tröstete sich durch Bibelstellen, und wollte sich durchaus nicht trennen von ihrer Vaterstadt Frankfurt, mit der sie, wie Goethe sich ausdrückte, "ganz eigentlich zusammengewachsen war."

Von dem bewegten Treiben der Außenwelt wandte sich Goethe, seiner Gewohnheit nach, wieder zu mannigfachen literarischen Beschäftigungen. Das Gedicht "Reinecke Fuchs" ward um diese Zeit vollendet. Auch der Druck des ersten Bandes von "Wilhelm Meisters Lehrjahren" hatte begonnen. Seinen botanischen und mineralogischen Studien widmete sich Goethe ebenfalls wieder mit großem Eifer. Erfreulich war für ihn in dieser Hinsicht der unterhaltende und belehrende Umgang mit Göttling, Batsch, Voigt und andern Professoren der Universität Jena. Ein besonderer Gegenstand seiner Aufmerksamkeit war das Bergwesen in Ilmenau, und mancher Ausflug in jene Gegend ward von ihm unternommen. Goethe freute sich über die Fortschritte jenes Unternehmens, die bei beschränkten Mitteln freilich nur mäßig seyn konnten.

Unstreitig das wichtigste Ereigniß in Goethe's Leben war das um diese Zeit (1794) sich entwickelnde nähere Verhältniß zu Schiller. Aus entschiedener Abneigung gegen die frühern Producte dieses Dichters, die ihn an die poetische Sturm- und Drangperiode erinnerten, der er längst entwachsen war, hatte er sich bisher von Schiller entfernt gehalten. Zwar war er ihm 1789 behülflich gewesen zu einer Professur in Jena, aber an ein näheres Verhältniß schienen beide nicht zu denken. Ein philosophisches Gespräch in einer Sitzung der von dem Professor Batsch in Jena gegründeten naturforschenden Gesellschaft bewirkte die erste Annäherung der beiden Dichter. Das von Schiller damals herausgegebene Journal: "die Horen" ward das vermittelnde Band zwischen ihm und Goethe, der ebenfalls Beiträge zu jener Zeitschrift lieferte.

Das Verhältniß zwischen beiden Dichtern ward bald immer inniger. An Schillers Arbeiten nahm Goethe das lebhafteste Interesse, das durch die Uebereinstimmung ihrer Ideen immer wieder aufs neue angeregt ward. Ueber eine damals noch ungedruckte Abhandlung Schillers schrieb Goethe den 4. September 1794: "Ich habe Ihre Entwickelung des Erhabenen mit vielem Vergnügen gelesen, und mich daraus aufs neue überzeugt, daß uns nicht allein dieselben Gegenstände interessiren, sondern daß wir auch in der Art, sie anzusehen, meistens übereinkommen. Ueber alle Hauptpunkte, seh' ich, sind wir eins, und was die Abweichungen, die Standpunkte, die Verbindungen des Ausdrucks betrifft, so zeugen diese von dem Reichthum des Objects und der ihm correspondirenden Mannigfaltigkeit der Subjecte." Dieser Brief enthielt zugleich eine an Schiller gerichtete Einladung, nach Weimar zu kommen, und in Goethe's Hause zu wohnen. "Wir unterhielten uns", schrieb Goethe, "sähen Freunde, die uns am ähnlichsten gesinnt wären, und würden nicht ohne Nutzen von einander scheiden." Schillers Individualität berücksichtigend fügte Goethe noch hinzu: "Sie sollen ganz nach ihrer Art und Weise leben, und sich ganz wie zu Hause einrichten." Schiller folgte jener Einladung, und Goethe schrieb den 1. October 1794: "Nach unserer vierzehntägigen Conferenz wissen wir nun, daß wir in Prinzipien einig sind, und die Kreise unsers Empfindens, Denkens und Wirkens theils coincidiren, theils sich berühren."

Zur Aufnahme in die von Schiller herausgegebenen "Horen" sandte Goethe, seine "römischen Elegien", zwei "Episteln", denen noch eine dritte folgen sollte, und andere poetische Beiträge. Auch zu einigen Aufsätzen hoffte er noch Muße zu finden unter der fortwährenden Beschäftigung mit seinem "Wilhelm Meister." "Zu kleinen Erzählungen", schrieb er den 27. November 1794, "hab' ich große Lust, nach der Last, die einem so ein Pseudo-Epos, wie der Roman, auferlegt. Ich denke dabei wie die Erzählerin in der Tausend und Einen Nacht zu verfahren."

Lebhaft interessirte sich Goethe für Schillers "Briefe über ästhetische Erziehung." Diese Abhandlung harmonirte im Wesentlichen mit seinen eignen Ansichten und Ideen. Er schrieb darüber den 26. October 1794: "Wie uns ein köstlicher, unserer Natur analoger Trank willig hinunterschleicht und auf der Zunge schon durch gute Stimmung des Nervensystems seine heilsame Wirkung zeigt, so waren mir diese Briefe angenehm und wohlthätig, und wie sollte es anders seyn, da ich das, was ich für recht seit langer Zeit erkannt, auf eine so zusammenhängende und edle Weise vorgetragen fand. In diesem behaglichen Zustande hätte mich ein Billet Herders beinahe gestört, der uns, die wir an dieser Vorstellungsart Freude haben, gern einer Einseitigkeit beschuldigen möchte. Da man aber im Reiche der Erscheinungen es überhaupt nicht so genau nehmen darf, und es immer schon tröstlich genug ist, mit einer Anzahl geprüfter Menschen eher zum Nutzen als Schaden seiner selbst und seiner Zeitgenossen zu irren, so wollen wir getrost und unverrückt so fortleben, und wirklich und in unserm Seyn und Wollen ein Ganzes denken, um unser Stückwerk nur einigermaßen vollständig zu machen."

Treffend bezeichnete Goethe so seine unvollendeten literarischen Arbeiten. Der "Faust", zu dessen Fortsetzung ihn Schiller ermuntert hatte, ruhte längst. "Ich wage nicht," schrieb Goethe, "das Packet aufzuschnüren, das ihn gefangen hält." Seine Thätigkeit zersplitterte sich in mannigfachen Plänen und Entwürfen, die er großentheils für die "Horen" auszuführen gedachte. Einer seiner gehaltvollsten Beiträge für dieses Journal waren die bisher ungedruckt gebliebenen "Unterhaltungen deutscher Ausgewanderter." Den Werth und Gehalt seiner Producte machte Goethe fast ohne Ausnahme von Schillers Urtheil abhängig. Durch ihn gewann er auch das fast verlorene Vertrauen zu seinem Roman wieder. Er glaubte, als er denselben begann, das Publikum zu Anforderungen berechtigt zu haben, die er sich nicht zu erfüllen getraute.

Beruhigt über das im Allgemeinen günstig lautende Urtheil Schillers, dem er einen Theil des Manuscripts gesandt hatte, schrieb Goethe an ihn den 10. December 1794: "Sie haben mir sehr wohl gethan durch das gute Zeugniß, daß sie dem ersten Buche meines Romans geben. Nach den sonderbaren Schicksalen, welche diese Production von innen und außen gehabt hat, wäre es kein Wunder, wenn ich ganz und gar confus darüber würde. Ich habe mich zuletzt blos an meine Idee gehalten, und will mich freuen, wenn sie mich aus diesem Labyrinth herausleitet." Schiller war ihm hierzu durch seinen Rath behülflich, und dankbar erkannte er des Freundes Bemühungen. Er gewann dadurch wieder Muth zur Fortsetzung seines Werks. Ein Brief vom 11. März 1795 enthielt das Geständniß, daß er den größten Theil des vierten Buchs vom "Wilhelm Meister" zum Druck abgesandt, und außerdem noch eine Novelle, "der Procurator", geschrieben habe.

Aus dem Carlsbade zurückgekehrt, wohin ihn im Juni 1795 seine Kränklichkeit, besonders katarrhalische Zufälle genöthigt hatten, unternahm Goethe häufige Ausflüge nach Jena. Außer Schiller fand er dort auch Alexander und Wilhelm von Humboldt. Er verlebte in Jena genußreiche Tage. Naturwissenschaftliche Betrachtungen wechselten mit Gesprächen über Poesie und Kunst. Zur Fortsetzung des "Wilhelm

Meister" und zu Beiträgen für die "Horen" ermunterte ihn Schiller, so wenig auch dessen Erwartungen die genannte Zeitschrift entsprach. Schiller hatte von jenem Journal eine allgemein verbreitete großartige Wirkung gehofft, und stieß dagegen von Seiten des Publikums überall auf Mangel an Empfänglichkeit und auf kleinliche Ansichten. Goethe theilte seines Freundes Begeistrung für alles Treffliche, den lebendigen Haß gegen falschen Geschmack und gegen jede Beschränkung der Wissenschaft und Kunst. Entrüstet über die kalte Aufnahme der "Horen" und über die einseitige Beurtheilung dieser Zeitschrift in mehreren kritischen Blättern, schrieb Goethe: "Ueberall spukt doch dieser Geist anmaßlicher Halbheit. Welch eine sonderbare Mischung von Selbstbetrug und Klarheit diese Personen zu ihrer Existenz brauchen, und was dieser Cirkel sich für eine Terminologie gemacht hat, um das zu beseitigen, was ihnen nicht ansteht, und das, was sie besitzen, als die Schlange Mosis aufzustellen, ist in der That merkwürdig."

In solcher Stimmung vereinigte sich Goethe mit Schiller zur Abfassung der unter dem Namen "Xenien" bekannten Epigramme. Ein damaliger Brief Schillers bezeichnete sie als "wilde Satyre, besonders gegen Schriftsteller und schriftstellerische Producte gerichtet, untermischt mit einzelnen poetischen und philosophischen Gedankenblitzen." Lebhaft ergriff Goethe diese von ihm ausgegangene Idee. Er schrieb darüber an Schiller den 23. December 1795: "Den Einfall, auf alle Zeitschriften Epigramme zu machen, wie die Xenien des Martial sind, der mir diese Tage zugekommen ist, müssen wir cultiviren, und eine solche Sammlung in Ihren Musenalmanach des nächsten Jahres bringen."

Nur auf wenige subordinirte Geister hatte sich anfangs der Witz in den erwähnten Epigrammen beschränkt. Der Stoff breitete sich jedoch immer mehr aus, und die Pfeile der Satyre verschonten auch nicht Namen, die der deutschen Literatur zur Ehre gereichten. Die bedeutendsten unter den zahlreichen Gegenschriften, welche die Xenien veranlaßten, waren von Gleim, Claudius, Jenisch, Dyk, Manso u.A. Mit vielem Scharfsinn und mit der feinsten Ironie suchte Wieland, der ebenfalls in den Xenien nicht geschont worden war, in einem gedruckten Briefe einen Freund zu überzeugen, daß Schiller und Goethe, nach ihren bisherigen ausgezeichneten Producten, unmöglich die Verfasser der Xenien seyn könnten. Ueber die Gewissensscrupel, durch die das in jenen Producten mitunter verletzte Zartgefühl sich an seinem Freunde Schiller rächte, setzte sich Goethe's heiterer Weltsinn hinweg. "Daß man," schrieb er, "nicht überall mit uns zufrieden seyn sollte, war ja unsere Absicht, und da das literarische Faustrecht noch nicht abgeschafft ist, so bedienen wir uns der reinen Befugniß, uns selbst Recht zu verschaffen. Ich erwarte nur, daß mir Jemand etwas merken läßt, wo ich mich denn so lustig und artig als möglich expectoriren werde."

Neben den "Xenien" entstanden damals mehrere Gedichte Goethe's, die zu dem Trefflichsten gehören, was die deutsche Poesie aufzuweisen hat, so unter andern die Elegie "Alexis und Dora", und, durch einen Wetteifer mit Schiller veranlaßt, mehrere Balladen: "die Braut von Corinth, der Gott und die Bajadere, das Blümlein Wunderschön, der Junggesell und der Mühlbach, der Müllerin Verrath" u.a.m. Auch mehrere humoristische Gedichte fielen in diese Zeit, wie unter andern das bekannte Tischlied: "Mich ergreift, ich nicht wie u.s.w." Für die "Horen" lieferte Goethe, außer andern Beiträgen, einzelne Fragmente aus seiner damals noch unvollendeten Biographie des Florentinischen Goldschmids "Benvenuto Cellini." Immer aber blieb der "Wilhelm Meister" seine Hauptbeschäftigung.

In Bezug auf Schillers kritische Bemerkungen über das ihm mitgetheilte Manuscript seines Romans, bemerkte Goethe treffend: "Der Fehler, den Sie mit Recht bemerken, kommt aus meiner innersten Natur, aus einem gewissen realistischen Tic, durch den ich meine Existenz, meine Handlungen, meine Schriften den Menschen aus den Augen zu rücken behaglich finde. So werde ich immer gern incognito reisen, das geringere Kleid vor dem bessern wählen, den unbedeutenden Gegenstand oder doch den weniger bedeutenden Ausdruck vorziehen, mich leichtsinniger betragen, als ich bin, und mich so, ich möchte sagen, zwischen mich selbst und meine eigene Erscheinung stellen. Nach dieser allgemeinen Beichte will ich gern zur besondern übergehen, daß ich ohne Ihren Antrieb und Anstoß wider besser Wissen und Gewissen, mir auch diese Eigenheit bei einem Roman hätte hingehen lassen, welches denn doch bei dem ungeheuren Aufwande, der darauf gemacht ist, unverzeihlich gewesen wäre, da alles das, was gefordert werden kann, theils so leicht zu erkennen, theils so bequem zu machen ist. Es ist keine Frage, daß die scheinbaren, von mir ausgesprochenen Resultate viel beschränkter sind, als der Inhalt des Werks, und ich komme mir vor, wie einer, der, nachdem er viele und große Zahlen über einander gestellt, endlich muthwillig selbst Additionsfehler macht, um die letzte Summe, Gott weiß, aus was für einer Grille, zu verringern. Ich bin Ihnen den lebhaftesten Dank schuldig, daß Sie noch zur rechten Zeit, auf eine so entschiedene Art, diese perverse Manier zur Sprache bringen, und ich werde gewiß, in wiefern es mir möglich ist, Ihren gerechten Wünschen entgegen gehen."

Ueber die einseitigen Urtheile, welche seinen Roman, den er 1796 vollendet hatte, von mehreren Seiten trafen, machte sich Goethe in den unmuthigen Worten Luft: "Möchte bei solchen Aeußerungen nicht die Hippokrene zu Eis erstarren, und Pegasus sich mausern! Doch das war vor fünf und zwanzig Jahren, als ich anfing, eben so, und wird so seyn, wenn ich lange geendigt habe. Indeß ist es nicht zu leugnen, daß es doch aussieht, als wenn gewisse Einsichten und Grundsätze, ohne die man sich eigentlich keinem Kunstwerke nähern sollte, nach und nach allgemeiner werden müßten."

Den Eindruck, den die mannigfachen, gegen die "Xenien" gerichteten Broschüren auf ihn gemacht hatten, schilderte Goethe in einem Briefe an Schiller vom 7. December 1796. "Wenn ich aufrichtig seyn soll," schrieb er, "so ist das Betragen des Volks ganz nach meinem Wunsch. Es ist eine nicht genug gekannte und geübte Politik, daß Jeder, der auf einigen Nachruhm Anspruch macht, seine Zeitgenossen zwingen soll, alles, was sie gegen ihn in petto haben, von sich zu geben. Den Eindruck davon vertilgt er durch die Gegenwart, Leben und Wirken jederzeit wieder. Was half es manchem bescheidenen, verdienstvollen und klugen Manne, den ich überlebt habe, daß er durch unglaubliche Nachgiebigkeit, Unthätigkeit, Schmeichelei, Rücken und Zurechtlegen einen leidlichen Ruf zeitlebens erhielt? Gleich nach dem Tode sitzt der Advokat des Teufels neben dem Leichnam, und der Engel, der ihm Widerpart halten soll, macht gewöhnlich eine klägliche Gebehrde. Ich hoffe, daß die Xenien auch eine ganze Weile wirken, und den bösen Geist gegen uns in Thätigkeit erhalten werden. Wir wollen indeß unsere positiven Arbeiten fortsetzen, und ihm die Negation überlassen. Nicht eher, als bis sie ganz ruhig sind und sicher zu seyn glauben, müssen wir, wenn der Humor frisch bleibt, sie noch einmal recht aus dem Fundament ärgern."

Dieser Vorsatz unterblieb. Einen würdigern Gebrauch machte Goethe von seinem poetischen Talent in dem epischen Gedicht "Hermann und Dorothea," das er um diese Zeit entworfen hatte. Er schrieb darüber den 18. Januar 1797 an Schiller, die wunderbare Epoche, in der er eingetreten, sei ihm höchst merkwürdig. "Ich schleppe von der analytischen Zeit noch so vieles mit, das [daß] ich es nicht loswerden und kaum verarbeiten kann. Indessen bleibt mir nichts übrig, als auf diesem Strom mein Fahrzeug so gut zu lenken, als es nur gehen will. In's Ferne und Ganze läßt sich nichts voraussagen, da diese regulirte Naturkraft, wie alle unregulirten, durch nichts in der Welt geleitet werden kann, sondern sich selbst bilden muß, auch aus sich selbst und auf ihre Weise wirkt.["]

Goethe blieb seiner Natur und schnell wechselnden Geistesrichtung treu. Schon eilf Tage später, am 29. Januar, beklagte er sich, "daß für ihn an keine ästhetische Stimmung zu denken sei." Seine Thätigkeit wandte sich wieder zu wissenschaftlichen Gegenständen. "Die Farbentafeln," schrieb er, "schließen sich immer fester an einander, und in Betrachtung organischer Naturen bin ich auch nicht müßig gewesen. Es leuchten mir in diesen langen Nächten ganz wundersame Lichter. Ich hoffe, es sollen keine Irrlichter seyn." In einem spätern Briefe an Schiller vom 8. Februar 1797 gestand Goethe, er sei wie ein Ball, den eine Stunde der andern zuwerfe. "In den Frühstunden," schrieb er, "suche ich die letzte Lieferung des Benvenuto Cellini zu bearbeiten. Ueber die Metamorphose der Insekten gelingen mir allerlei gute Bemerkungen. Die Raupen, die ich im Winter in der warmen Stube hielt, erscheinen schon nach und nach als Schmetterlinge, und ich suche sie auf dem Wege zu dieser neuen Verwandlung zu ertappen."

In diese stillen Beschäftigungen griffen die damaligen politischen Ereignisse störend ein. Die mannigfachen Truppenmärsche der europäischen Mächte ließen auf den nahen Ausbruch eines allgemeinen Kriegs schließen. Erst als die Besorgnisse allmälig verschwanden, gewann Goethe wieder Muth zur Fortsetzung seines noch unvollendeten Gedichts "Hermann und Dorothea." Unterbrochen ward er jedoch darin durch physische Leiden, besonders durch einen hartnäckigen Katarrh, der ihn während seines Aufenthalts in Jena heimsuchte. An Schiller schrieb er den 27. Februar 1797: "Ich bin wirklich mit Hausarrest belegt, sitze am warmen Ofen, und friere von innen heraus. Der Kopf ist mir eingenommen, und meine ganze Intelligenz wäre nicht im Stande, durch einen freien Denkactus den einfachsten Wurm zu produciren; vielmehr muß sie dem Salmiak und dem Liquiriziensaft, als Dingen, die an sich den häßlichsten Geschmack haben, wider ihren Willen die Existenz zugestehen. Wir wollen hoffen, daß wir aus der Erniedrigung dieser realen Bedrängnisse zur Herrlichkeit poetischer Darstellungen nächstens gelangen werden, und glauben dies um so sicherer, als uns die Wunder der stetigen Naturwirkungen bekannt sind."

Am 1. März 1797 meldete Goethe, daß "der Katarrh zwar im Abmarsch sei," er aber noch das Zimmer hüten müßte. "Die Gewohnheit", schrieb er, "fängt an, mir diesen Aufenthalt erträglich zu machen." Er äußerte in diesem Briefe die Hoffnung, sein Gedicht "Hermann und Dorothea," wovon er den vierten Gesang vollendet habe, glücklich zu Ende zu bringen. "So verschmähen also," schrieb er, "die Musen den asthenischen Zustand nicht, in welchem ich mich durch das Uebel versetzt fühle. Vielleicht ist es gar ihren Einflüssen günstig." Bereits am 4. März meldete Goethe, daß die Arbeit fortrücke, und schon anfange, Masse zu machen. "Nur auf zwei Tage," schrieb er, "kommt es noch an, so ist der Schatz gehoben, und ist er erst einmal über der Erde, so findet sich alsdann das Poliren von selbst." Merkwürdig sei es, fügte Goethe hinzu, wie das Gedicht gegen das Ende sich ganz zu seinem idyllischen Ursprung hinneige.

Die Erfindung, die Wahl des Stoffs hielt Goethe bei jedem poetischen Werke für die Hauptsache. Form und Darstellung, meinte er, seien nur Nebendinge. Er schrieb darüber an Schiller den 5. April 1797: "Sie haben ganz Recht, daß in den Gestalten der alten Dichtkunst, wie in der Bildhauerkunst, ein Abstractum erscheint, das seine Höhe nur durch das, was man Styl nennt, erreichen kann. Es giebt auch Abstracta durch Manier, wie bei den Franzosen. Auf dem Glück der

Fabel beruht freilich alles; man ist wegen des Hauptaufwandes sicher, die meisten Leser und Zuschauer nehmen dann doch nichts weiter davon, und dem Dichter bleibt doch das ganze Verdienst einer lebendigen Ausführung, die desto fleißiger seyn kann, je besser die Fabel ist."

Abgelenkt ward Goethe wieder von der Beschäftigung mit seinem Epos durch eine jugendliche Lieblingsidee, die in ihm auftauchte. Die Bibel ward für ihn ein Gegenstand mannigfacher Forschungen. "Indem ich den patriarchalischen Ueberresten nachspürte," schrieb er den 12. April 1797, "bin ich in das Alte Testament gerathen, und habe mich auf's Neue nicht genug verwundern können über die Confusion und die Widersprüche der fünf Bücher Mosis, die freilich, wie bekannt, aus hunderterlei schriftlichen und mündlichen Traditionen zusammengestellt seyn mögen. Ueber den Zug der Kinder Israel in der Wüste hab' ich einige artige Bemerkungen gemacht, und es ist der verwegene Gedanke in mir entstanden, ob nicht die große Zeit, welche sie darin zugebracht haben, erst eine spätere Erfindung sei."

Näher erklärte sich Goethe hierüber in einem Briefe vom 15. April 1797. "Noch immer," schrieb er, "hab' ich die Kinder Israel in der Wüste begleitet. Meine kritisch-historisch-poetische Arbeit geht davon aus, daß die vorhandenen Bücher sich selbst widersprechen und sich selbst verrathen; und der ganze Spaß, den ich mir mache, läuft dahin hinaus, das menschlich Wahrscheinliche von dem Absichtlichen und blos Imaginirten zu sondern, und doch für meine Meinung überall Belege aufzufinden. Alle Hypothesen dieser Art bestehen blos durch das Natürliche des

Gedankens und durch die Mannigfaltigkeit der Phänomene, auf die er sich gründet." Es sei ihm, fügte Goethe hinzu, "recht wohl zu Muthe, wieder einmal etwas auf kurze Zeit zu haben, bei dem er mit Interesse im eigentlichen Sinne des Worts spielen könne, denn die Poesie, wie er sie seit einiger Zeit treibe, sei doch eine gar zu ernste Beschäftigung."

Neben diesen Bibelstudien, bei denen ihm Eichhorn's Einleitung in das Alte Testament wesentliche Dienste leistete, hatten sich die einzelnen Gesänge von "Hermann und Dorothea" nach und nach zu einem Ganzen gerundet. An Schiller schrieb Goethe den 28. April 1797: "Mein Gedicht ist fertig. Es besteht aus zweitausend Hexametern, und ist in neun Gesänge getheilt, und ich sehe darin wenigstens einen Theil meiner Wünsche erfüllt. Die höchste Instanz, vor der es gerichtet werden kann, ist die, vor welche der Menschenmaler seine Compositionen bringt, und es wird die Frage seyn, ob man unter dem modernen Costüm meines Gedichts die wahren ächten Menschenproportionen anerkennen werde. Der Gegenstand selbst ist äußerst glücklich, ein Süjet, wie man es in seinem Leben nicht zweimal findet; wie denn überhaupt die Gegenstände zu wahren Kunstwerken seltener gefunden werden, als man denkt, woher auch die Alten sich nur beständig in einem gewissen Kreise bewegen. In der Lage, in der ich mich befinde, habe ich mir zugeschworen, an nichts mehr Theil zu nehmen, als an dem, was ich so in meiner Gewalt habe, wie ein Gedicht, wo man weiß, daß man zuletzt nur sich zu tadeln oder zu loben hat; an einem Werke, an dem man, wenn der Plan einmal gut ist, nicht das Schicksal des Penelopeischen Schleiers erlebt. Leider lösen in allen übrigen Dingen einem die Menschen gewöhnlich wieder auf, was man mit großer Sorgfalt gewoben hat, und das Leben gleicht jener beschwerlichen Art zu wallfahrten, wo man drei Schritte vor, und zwei zurück thun muß."

So wenig auch Goethe's individuelle Natur, die Vielseitigkeit seines Geistes ihm erlaubte, bei dem in diesem Briefe ausgesprochenen Entschlusse ernstlich zu beharren, so schien er doch diesmal demselben treu bleiben zu wollen. "Ich habe," schrieb er den 22. Juni 1797, "mich entschlossen, an meinen Faust zu gehen, und ihn, wo nicht zu vollenden, doch wenigstens um ein gutes Theil weiter zu bringen, indem ich das, was gedruckt ist, wieder auflöse, und es mit dem, was schon fertig oder erfunden ist, in große Massen disponire, und so die Ausführung des Plans, der eigentlich nur eine Idee ist, näher vorbereite. Nun hab' ich eben diese Idee und deren Darstellung wieder vorgenommen, und bin mit mir selbst ziemlich einig. Da die verschiedenen Theile dieses Gedichts in Absicht auf die Stimmung verschieden behandelt werden können, wenn sie sich nur dem Geist und Ton des Ganzen subordiniren, und da übrigens die ganze Arbeit subjectiv ist, so kann ich in einzelnen Momenten mich damit beschäftigen, und so bin ich auch jetzt etwas zu leisten im Stande. Ich werde vorerst die großen erfundenen und halb bearbeiteten Massen zu enden, und mit dem, was gedruckt ist, zusammen zu stellen suchen, und so lange treiben, bis sich der Kreis selbst erschöpft."

Unterbrochen ward Goethe's Beschäftigung mit dem "Faust", so wie seine ganze literarische Thätigkeit durch eine Reise nach der Schweiz. Den 30. Juli 1797 verließ er Weimar. Unterwegs beschäftigte ihn die genaue Betrachtung der Gegenden, besonders in Bezug auf Geognosie und die darauf gegründete Cultur des Bodens. Genußreiche Tage verlebte er in seiner Vaterstadt Frankfurt. Unter mehreren Bekanntschaften, die er dort theils anknüpfte, theils erneuerte, war besonders Sömmering für ihn belehrend durch seine geistreiche Unterhaltung, durch Präparate und Zeichnungen. Zur Ausführung einiger poetischen Entwürfe fehlte ihm die nöthige Stimmung, die er erst nach der Rückkehr von einem ruhigen Zustande erwartete. Von Frankfurt a.M. ging er über Heidelberg, Heilbronn und Ludwigsburg nach Stuttgart, wo er den kunstliebenden Kaufmann Rapp und die Bildhauer Dannecker und Scheffauer kennen lernte. In der Schweiz, wohin er sich im September 1797 begab, fand sein poetisches Talent mannigfache Anregung durch die Betrachtung der schönen Natur. "Herrliche Stoffe zu Idyllen und Elegien," schrieb er, "habe ich aufgefunden, und Einiges schon wirklich gemacht." Am längsten verweilte er bei der Idee, den Befreier der Schweiz zum Helden eines epischen Gedichts zu wählen. Er schrieb darüber den 14. October 1797: "Ich bin fest überzeugt, daß die Fabel vom Tell sich werde episch behandeln lassen, und es würde daher, wenn es mir, wie ich vorhabe, gelingt, der sonderbare Fall eintreten, daß das Mährchen durch die Poesie erst zu seiner vollkommnen Wahrheit gelangte, anstatt daß man sonst, um etwas zu leisten, die Geschichte zur Fabel machen muß. Das beschränkte, höchst bedeutende Local, worauf die Begebenheit spielt, hab' ich mir wieder recht genau vergegenwärtigt, so wie die Charaktere, Sitten und Gebräuche der Menschen in diesen Gegenden, so gut in der kurzen Zeit möglich, beobachtet, und es kommt nun auf gut Glück an, ob aus diesem Unternehmen etwas werden kann."

Andere Gegenstände verdrängten die Ausführung dieser Idee. Indeß meinte Goethe doch, daß nur ein wenig Gewohnheit dazu gehöre, die literarische Thätigkeit, an die man daheim gewöhnt sei, auch auswärts fortzusetzen. "Wenn die Reise," schrieb er, "zu gewissen Zeiten zerstreut, so führt sie uns zu andern Zeiten desto schneller auf uns selbst zurück. Der Mangel an äußeren Verhältnissen und Verbindungen, ja die lange Weile ist demjenigen günstig, der manches zu verarbeiten hat. Die Reise gleicht einem Spiel; man empfängt mehr oder weniger, als man hofft, man kann ungestört eine Weile hinschlendern, und dann ist man wieder genöthigt, sich einen Augenblick zusammenzunehmen. Für Naturen, wie die meinige, die sich gern festsetzen und die Dinge festhalten, ist eine Reise unschätzbar; sie belebt, berichtigt, belehrt und bildet."

Bei seiner Rückkehr nach Weimar widmete Goethe vorzugsweise seine Aufmerksamkeit dem Theater. Sein Interesse an der Bühne, durch die schriftliche und mündliche Unterhaltung mit Schiller immer auf's neue belebt, ward noch höher gesteigert, als Iffland im April 1798 eine Reihe von glänzenden Darstellungen gab. Vielfach thätig war Goethe bei dem neuen Theatergebäude, das damals durch den Architekten Thouret aus Stuttgart in Weimar errichtet und mit einem Prolog Schillers eröffnet ward, welchem eine Vorstellung von Wallensteins Lager folgte. Goethe fühlte sich der dramatischen Gattung seit längerer Zeit entfremdet. Er gestand dies in einem Briefe an Schiller vom 9. December 1797. "Ohne ein lebhaftes pathologisches

Interesse," schrieb er, "ist es mir nie gelungen, irgend eine tragische Situation zu bearbeiten, und ich habe sie daher eher vermieden, als aufgesucht. Sollte es wohl auch einer von den Vorzügen der Alten gewesen seyn, da bei uns die Naturwahrheit mitwirken muß, um ein solches Wesen hervorzubringen? Ich kenne mich zwar nicht selbst genug, um zu wissen, ob ich eine wahre Tragödie schreiben könnte; ich erschrecke aber blos vor dem Unternehmen, und bin überzeugt, daß ich mich durch den bloßen Versuch zerstören könnte."

In der Beilage zu einem an Schiller gerichteten Briefe hatte Goethe den Unterschied zwischen epischer und dramatischer Dichtung scharf bezeichnet. Doch blieb er der erstern treu, weil sie mit seinen Naturanlagen mehr harmonirte. Das fortgesetzte Studium des Homer führte ihn zu dem Entwurf eines epischen Gedichts unter dem Titel "Achilleis", das jedoch unvollendet blieb. Den 6. December 1797 schrieb Goethe: "Ich habe diese Tage fortgefahren, die Ilias zu studiren, und zu überlegen, ob zwischen ihr und der Odyssee nicht noch eine Epopöe inne liege. Ich finde aber eigentlich nur tragische Stoffe, es sei nun, daß es wirklich so ist, oder daß ich nur den epischen nicht finden kann. Das Lebensende des Achill mit seinen Umgebungen ließe eine epische Behandlung zu, und forderte sie gewissermaßen wegen der Breite des zu bearbeitenden Stoffs. Nun würde die Frage entstehen, ob man wohl thue, einen tragischen Stoff ebenfalls episch zu behandeln. Es läßt sich allerlei dafür und dagegen sagen. Was den Effect betrifft, so würde ein Neuer, der für Neue arbeitet, immer dabei im Vortheil seyn, weil man ohne pathologisches Interesse sich wohl schwerlich den Beifall der Zeit erwerben wird."

Noch in mehreren seiner Briefe kam Goethe wieder auf diese Idee zurück, die er jedoch, der Ermunterungen Schillers ungeachtet, nicht realisirte. Dankbar erkannte er jedoch des Freundes wohlthätigen Einfluß auf seine poetische Thätigkeit. Er schrieb darüber den 6. Januar 1798 an Schiller: "Das günstige Zusammentreffen unsrer beiden Naturen hat uns schon manchen Vortheil verschafft. Wenn ich Ihnen zum Repräsentanten mancher Objecte diente, so haben Sie mich von der allzustrengen Beobachtung der äußern Dinge und ihrer Verhältnisse auf mich selbst zurückgeführt. Sie haben mich die Vielseitigkeit des innern Menschen mit mehr Billigkeit anzuschauen gelehrt, Sie haben mir eine zweite Jugend verschafft, und mich zum Dichter gemacht, welches zu seyn ich so gut als aufgehört hatte."

Seine poetische Unfruchtbarkeit erklärte sich Goethe aus den noch immer fortdauernden Nachwirkungen seines zerstreuten Reiselebens. "Das Material, das ich erbeute," schrieb er, "kann ich zu nichts brauchen, und ich bin außer aller Stimmung gekommen, irgend etwas zu thun. Ich erinnere mich aus früherer Zeit eben solcher Wirkungen, und es ist mir aus manchen Fällen und Umständen wohl bekannt, daß Eindrücke bei mir sehr lange wirken müssen, bis sie zum poetischen Gebrauch sich willig finden lassen. Ich habe auch deshalb ganz pausirt, und erwarte nun, was mir mein erster Aufenthalt in Jena bringen wird."

Die erwartete poetische Ausbeute bestand jedoch nur in einzelnen kleinen Gedichten, unter denen die "Weissagungen des Bakis" vielleicht die bedeutendsten waren. Goethe wandte sich zur bildenden Kunst. Ihn beschäftigten die Vorarbeiten zur Herausgabe einer Zeitschrift, "die Propyläen" betitelt. Gleichzeitig setzte er die Biographie des "Benvenuto Cellini" fort, als Anhaltspunkt der Geschichte des sechzehnten Jahrhunderts. Daran reihten sich mannigfache andere Beschäftigungen, die in der rauhen und unfreundlichen Witterung des Januar ihm die Zeit verkürzten. Er nahm unter andern seine "Farbenlehre" wieder zur Hand.

Seinem Freunde Schiller kam er aufmunternd entgegen durch das lebhafte Interesse an dem "Wallenstein." Gemeinschaftlich mit Schiller entwarf er die Idee, mehrere ältere Schauspiele dem Geschmack der neuern Zeit zu nähern, und sie in einer Umbildung auf die Bühne zu bringen. Dem deutschen Theater sollte dadurch zu einem soliden Repertoir verholfen werden. Goethe machte hiezu den Anfang mit seiner Uebersetzung des Mahomet und Tancred von Voltaire, Schiller mit der Umarbeitung von Shakespeare's [Shakspeare's] Macbeth.

Durch den Beifall, mit welchem Schillers "Wallenstein," seine "Maria Stuart" u.a. seiner spätern dramatischen Werke bei der Vorstellung auf der Bühne aufgenommen wurden, fühlte sich Goethe ermuntert, in einer ihm seit mehrern Jahren beinahe fremd gewordenen Gattung sich wieder zu versuchen. Die Memoiren der Stephanie von Bourbon boten ihm den Stoff zu einer Tragödie, die er später unter dem Titel "die natürliche Tochter" herausgab. Nach seinem eignen Geständniß wollte er darin "wie in einem Gefäß alles niederlegen, was er über die französische Revolution und ihre Folgen theils gedacht, theils niedergeschrieben hatte." Während der Beschäftigung mit diesem Werke blieb er thätig für die "Propyläen." Manche Mußestunde widmete er auch, durch Schelling's Naturphilosophie angeregt, verschiedenen damit zusammenhängenden Studien. Aus seiner Gartenwohnung am sogenannten Stern, einem Theil des Weimarischen Parks, beobachtete er durch ein Spiegeltelescop den Mondwechsel mit seinen wunderbaren Erscheinungen. Daneben beschäftigte ihn die Lectüre von Herder's "Fragmenten zur Geschichte der Literatur", von "Winkelmanns Briefen" und von Milton's "verlorenem Paradiese", um, nach seinem eignen Geständniß, "die mannigfachsten Zustände, Denk- und Dichtweisen sich zu vergegenwärtigen."

Wie Goethe die Literatur überhaupt, insonderheit aber die Poesie betrachtete, zeigte folgende Stelle in einem Briefe vom 6. März 1800: "Was die großen Anforderungen betrifft, die man jetzt an den Dichter macht, so glaube ich, daß sie nicht leicht einen Dichter hervorbringen werden. Die Dichtkunst verlangt ein Subject, das sie ausüben soll, eine gewisse gutmüthige, in's Reale verliebte Beschränktheit, hinter welcher das Absolute verborgen liegt. Die Forderungen von oben herein zerstören jenen unschuldigen productiven Zustand, und setzen vor lauter Poesie an die Stelle der Poesie etwas, das nun ein für allemal nicht Poesie ist, wie wir in unsern Tagen leider gewahr werden, und so verhält es sich mit den verwandten Künsten, ja mit der Kunst im weitesten Sinne. Dies ist mein Glaubensbekenntnis welches übrigens keine weitern Ansprüche macht."

Unter den mannigfachen Beschäftigungen, auf die sich die Vielseitigkeit seines Geistes lenkte, überraschte ihn eins der trübsten Ereignisse, der Tod Schillers am 9. Mai 1805. Mit seiner eigenen Kränklichkeit hatte Goethe den Freund unter seinen physischen Leiden zu trösten gesucht. Scherzend schrieb er ihm den 24. Januar 1805: "Ob nach der alten Lehre die humores peccantis im Körper herumspazieren, oder ob nach der neuern die verhältnißmäßig schwächern Theile in désavantage sind, genug, bei mir hinkt es bald hier, bald dort, und sind die Unbequemlichkeiten in den Gedärmen in's Diaphragma, von da in die Brust, ferner in den Hals und so weiter in's Auge gefahren, wo sie mir denn am allerwenigsten willkommen sind."

Die scherzhafte Stimmung in diesem Briefe wich bald dem Gefühl der Wehmuth und Trauer bei dem lange gefürchteten Verlust seines Freundes. Als Goethe, mehrere Wochen an sein Zimmer gefesselt, zu Anfange Mai sich zum ersten Mal aus dem Hause wagte, traf er Schiller, der eben im Begriff war, in's Theater zu gehen. "Ein Mißbehagen," erzählt Goethe selbst, "hinderte mich, ihn zu begleiten, und so schieden wir vor seiner Hausthür, um uns nie wiederzusehen. Bei dem Zustande meines Körpers und Geistes wagte Niemand, die Nachricht von seinem Scheiden in meine Einsamkeit zu bringen. Schiller war am neunten Mai verschieden, und ich nun von allen meinen Uebeln doppelt und dreifach angefallen." Seine Stimmung schilderte folgende Stelle in einem Briefe vom 1. Juni 1805. "Ich dachte mich selbst zu verlieren, und verliere einen Freund, und in demselben die Hälfte meines Daseyns. Eigentlich", fügte er hinzu, "sollte ich eine neue Lebensweise anfangen. Aber dazu ist in meinen Jahren auch kein Weg mehr. Ich sehe also jetzt jeden Tag unmittelbar vor mich hin, ohne an eine weitere Folge zu denken."

Mehr als jemals, fühlte Goethe das Bedürfnis einer anhaltenden Thätigkeit. Manche Hindernisse stellten sich der Ausführung des Plans entgegen, das von Schiller unvollendet zurückgelassene Trauerspiel "Demetrius" zu beenden. Unterstützt durch mehrere schätzbare Beiträge F.A. Wolfs gab Goethe damals (1805) das für die Kunstgeschichte wichtige Werk: "Winkelmann und sein Jahrhundert" heraus, und gleichzeitig einen aus dem Französischen übersetzten Dialog Diderots, unter dem Titel: "Rameau's Neffe."

Trübe Tage brachte ihm die Schlacht bei Jena am 14. October 1806 und die allgemeine Plünderung, welche die Stadt Weimar traf. Mitten unter jenen Kriegsstürmen reichte Goethe, in bereits vorgerücktem Alter einer vieljährigen Freundin am Altar die Hand. Es war Christiane Vulpius, eine Schwester des bekannten Romanschriftstellers und nachherigen Oberbibliothekars in Weimar.

Neben einer genauen Durchsicht seiner bisherigen Schriften, die in einer zwölfbändigen Gesammtausgabe 1806 erschienen, beschäftigte sich Goethe mit seinen wissenschaftlichen Forschungen, vor allen mit seiner "Farbenlehre," die 1808 mit einer Zueignung an die Herzogin Louise von Sachsen-Weimar ans Licht trat. Jene Forschungen weckten in ihm die Idee zu einem Roman, in welchem er unter dem Titel "die Wahlverwandtschaften" nach seinem eignen Geständniß, "das Leben von seiner täglichen Licht- und Schattenseite darstellen, und zugleich die Macht begreiflich machen wollte, die das Spiel geheimer Naturgesetze über menschliche Verhältnisse ausübt." Die von ihm begonnene Biographie des Landschaftsmalers Philipp Hackert, mit dem er in Rom genußreiche Tage verlebt hatte, trat in den Hintergrund durch Goethe's Beschäftigung mit seiner Selbstbiographie, die er unter dem Titel: "Dichtung und Wahrheit aus meinem Leben" in mehrern Bänden herausgab. Ungeachtet seiner Abneigung gegen alle politischen Tendenzen, verewigte Goethe die Befreiung seines Vaterlandes von französischer Botmäßigkeit durch das Festspiel: "Des Epimenides Erwachen", das zuerst in Berlin vorgestellt ward. Die Stimmung, in welcher er dies Stück, welchem eine alte griechische Mythe zum Grunde lag, gedichtet hatte, kehrte ihm wieder, und er verfaßte die Inschrift für das dem Fürsten Blücher in seiner Vaterstadt Rostock errichtete Denkmal.

Das Interesse an botanischen und mineralogischen Studien ward in Goethe erhalten durch seine jährlich nach Carlsbad und Töplitz unternommenen Badereisen, zu denen ihn sein Gesundheitszustand nöthigte. Einer seiner Freunde erzählte, wie er unterwegs aus dem Wagen gestiegen sei und mit einem Hammer Steine zerklopft habe. Seine Vaterstadt Frankfurt, die er nach siebzehn Jahren (1814) zum ersten mal wieder besuchte, ehrte ihn durch eine Vorstellung seines "Tasso", und feierte auf eine noch glänzendere Weise (1818) seinen siebzigsten Geburtstag durch Ueberreichung eines goldenen Lorbeerkranzes, der an Werth die Summe von 1500 Fl. überstiegen haben soll. Goethe dankte seinen Verehrern durch das in seinen Werken aufbewahrte Gedicht: "Die Feier des 28. August dankbar zu erwiedern."

Das von ihm unter dem Titel: "Kunst und Alterthum" 1816 herausgegebene Journal, welches kurze

Reiseberichte, und Recensionen über neuere Werke der Dichtkunst, Malerei und Plastik enthielt, war eine Art von Fortsetzung der Aufsätze, die Goethe früher in Verbindung mit den Weimarischen Kunstfreunden in den "Propyläen" und in der Allgemeinen Literaturzeitung mitgetheilt hatte. Für den Theil seiner Studien, dem er seit früher Jugend unverändert treu geblieben war, gründete er eine, in einzelnen Heften fortlaufende Zeitschrift: "Zur Morphologie und Naturwissenschaft überhaupt" betitelt. Das Gebiet der Poesie, aus dem er sich längere Zeit entfernt hatte, betrat er wieder in einer Art von Fortsetzung seines Romans "Wilhelm Meister", die er unter dem Titel "Willhelm Meisters Wanderjahre" herausgab. In eigentümlicher Weise suchte er in seinem "Westöstlichen Divan" die orientalische Poesie auf den deutschen Boden zu verpflanzen. An der Bühne und ihren Vorstellungen nahm er wenig Antheil mehr. Das Auftreten eines Thieres in dem bekannten Drama. "Der Hund des Aubry" hielt er für eine so tiefe Herabwürdigung der Bühne, daß er sich dadurch bewogen fand, 1817 die bisher von ihm geführte Theaterdirection niederzulegen.

Die ruhige Besonnenheit und Klarheit, die seinem Geiste stets eigen war und die sich im höhern Alter noch steigerte, vermißte Goethe in der neuern Literatur. Mit der Richtung, die sie genommen, konnte er sich eben so wenig befreunden, als mit den eigenthümlichen Fortschritten der Cultur überhaupt. Nicht ohne Bitterkeit äußerte er sich darüber in einem Briefe vom 9. Juni 1825 mit den Worten: "Alles ist jetzt ultra, alles transcendirt unaufhaltsam, im Denken, wie im Thun. Niemand kennt sich mehr. Niemand begreift das Element, worin er schwebt und wirkt, Niemand den Stoff, den er bearbeitet. Von reiner Einfalt kann die Rede nicht seyn; einfältiges Zeug giebt es genug. Junge Leute werden viel zu früh aufgeregt, und dann im Zeitstrom fortgerissen. Reichthum und Schnelligkeit ist es, was die Welt bewundert. Eisenbahnen, Schnellposten, Dampfschiffe und alle möglichen Facilitäten der Communication sind es, worauf die gebildete Welt ausgeht, sich zu überbilden, und dadurch in der Mittelmäßigkeit zu verharren. Eigentlich ist es das Jahrhundert für die fähigen Köpfe, für leichtfassende, practische Menschen, die, mit einer gewissen Gewandtheit ausgestattet, ihre Superiorität über die Menge fühlen, wenn sie gleich selbst nicht zum Höchsten begabt sind."

Eine ruhigere Stimmung herrschte in einem Briefe Goethe's vom 3. November 1825. "Von mir," schrieb er, "kann ich so viel sagen, daß ich, meinem Alter und Umständen nach, wohl zufrieden seyn darf. Die Verhandlungen wegen einer neuen Ausgabe meiner Werke geben mir mehr als billig zu thun; sie sind nun ein ganzes Jahr im Gange. Alles läßt sich aber so gut an, und verspricht den Meinigen unerwartete Vortheile, um derentwillen es wohl der Mühe werth ist, sich zu bemühen. Auch fehlt es nicht mitunter an guten Gedanken und neuen Ansichten, zu denen man auf der Höhe des Lebens gelangt."

Erhalten ward Goethe in dieser heitern Stimmung durch seinen lebhaften Antheil an zwei Dichtern des Auslandes, mit denen er um diese Zeit in schriftliche Berührung kam. Den Italiener Manzoni, für dessen Tragödie: "Der Graf von Carmagnola," sich Goethe lebhaft interessirte, nannte er in einem seiner

Briefe "einen Dichter, der verdiene, daß man ihn studire." Durch die eigentümliche Art und Weise, wie der Lord Byron die dem "Faust" zu Grunde liegende Idee des unbefriedigten Strebens eines reichen, aber in sich zerfallenen Gemüths für das Drama: "Manfred" benutzt hatte, lenkte sich Goethe's Aufmerksamkeit auf diesen Dichter, dessen großes poetisches Talent er zwar anerkannte, doch zugleich sich wieder von ihm zurückgestoßen fühlte durch Byron's an Verzweiflung grenzende Unzufriedenheit mit der Welt und ihren Verhältnissen.

Zu den erfreulichsten Erscheinungen für Goethe in seinem höheren Alter gehörte die durch zahlreiche Gedichte seiner Freunde und Verehrer und durch sonstige werthvolle Gaben gefeierte Wiederkehr seines Geburtstages. Innig freute er sich, daß sein Talent noch immer eine Anerkennung fand zu einer Zeit, wo eine einseitige und befangene Kritik ihm seinen wohlverdienten Dichterruhm zu schmälern suchte. Zu einer allgemeinen und würdigen Feier, nicht blos in Weimar, sondern auch in mehreren andern Städten Deutschlands ward Goethe's Jubelfest im Jahr 1825. Die funfzigste Wiederkehr des Tages, an welchem Goethe in den Weimarischen Lebenskreis eingetreten war, sollte zugleich als sein Dienstjubiläum gefeiert werden. Dies geschah auf den Wunsch seines Fürsten, dem er ein halbes Jahrhundert hindurch seine treue Gesinnung als Staatsmann, Dichter, Rathgeber und Freund im höchsten Sinne des Worts in mannigfacher Weise bethätigt hatte. Aehnliche Festlichkeiten, von denen eine in Weimar erschienene Schrift eine ausführliche Beschreibung lieferte, hatten einige Monate früher, den 5. November 1825 bei dem durch Goethe mehrfach verherrlichten Regierungsjubiläum seines Fürsten statt gefunden.

Goethe war dadurch seiner gewohnten stillen Thätigkeit entzogen worden. Die Nachwirkungen jener geräuschvollen Tage schien er noch lange zu empfinden. Er schrieb darüber den 16. November 1825: "Wie der Eindruck des Unglücks durch die Zeit gemildert wird, so bedarf das Glück auch dieses wohlthätigen Einflusses. Erst nach und nach erhole ich mich vom 7. November. Solchen Tagen sucht man sich im Augenblick möglichst gleich zu stellen, fühlt aber erst hinterher, daß eine solche Anstrengung nothwendig einen abgespannten Zustand zur Folge hat. Ich bin höchst bedrängt, zwar nicht von Sorgen, aber doch von Besorgungen, und das kann sich zuletzt zu einem Grade steigern, daß es fast dasselbe wird."

Den Standpunkt, aus welchem Goethe im höheren Alter das Leben mit seinen mannigfach wechselnden Erscheinungen betrachtete, zeigte folgende Stelle in einem Briefe vom 19ten März 1827: "Mir erscheint der zunächst mich berührende Personenkreis wie ein Convolut sibyllinischer Bücher, deren eins nach dem andern, von Lebensflammen aufgezehrt, in der Luft zerstiebt, und dabei den übrig bleibenden von Augenblick zu Augenblick höhern Werth verleiht. Wirken wir fort, bis wir, vor oder nach einander, vom Weltgeist berufen in den Aether zurückkehren. Möge dann der ewig Lebendige uns neue Thätigkeiten, denen analog, in welchem wir uns schon erprobt, nicht versagen. Fügt er sodann Erinnerung und Nachgefühl des Rechten und Guten, was wir hier schon gewollt und geleistet, väterlich hinzu, so werden wir gewiß um desto rascher in die Kämme des Weltgetriebes eingreifen. Die entelechische Monade muß sich nur in rastloser Thätigkeit erhalten; wird ihr diese zur andern Natur, so kann es ihr in Ewigkeit nicht an Beschäftigung fehlen. Man verzeihe mir diese obstrusen Ausdrücke. Hat der Mensch sich doch von jeher in solche Regionen verloren, in solchen Spracharten sich mitzutheilen versucht, da, wo die Vernunft nicht hinreichte, und wo man doch die Unvernunft nicht wollte walten lassen."

Unter Goethe's poetischen Entwürfen beschäftigte ihn vorzüglich eine Fortsetzung seines "Faust." Diese Tragödie, zu welcher er ein Zwischenspiel, "Helena" betitelt, gedichtet hatte, sollte einen zweiten Theil erhalten. Mit dieser poetischen Arbeit beschäftigte er sich größtentheils in seiner am Park gelegenen Gartenwohnung. Heiter gestimmt ward er durch den Anblick der freien Natur. "Die Vegetation," schrieb er, "hat sich dieses Jahr in der ganzen Umgegend auch an alten Bäumen bemerklich gemacht, und so freue ich mich des lange Versäumten und Vernachlässigten noch mehr, als eines Vermißten und Ersehnten. Ich fühle mich genöthigt, jeden Tag wenigstens einige Stunden in meinem Garten zuzubringen." Den 21. November 1827 meldete Goethe, der zweite Theil des Faust rücke rasch fort. "Die Aufgabe," schrieb er, "ist hier, wie bei der Helena, das Vorhandene so zu bilden und zu richten, daß es zum Neuen passe und klappe, wobei manches zu verwerfen, manches umzuarbeiten ist.

Sein selten wankender Gesundheitszustand gönnte ihm eine rastlose Thätigkeit. Er hatte daher auch seit einigen Jahren seine gewöhnlichen Sommerreisen nach Carlsbad und Töplitz aufgegeben. Hinsichtlich seiner Arbeiten meinte er in einem Briefe vom 22. April 1828: "Wenn der Mensch nicht von Natur zu seinem Talent verdammt wäre, so müßte man sich als thöricht schelten, daß man in einem langen Leben immer neue Pein und wiederholtes Mühsal sich auflädе."

Den Eindruck, den der Tod seines von ihm innig verehrten Fürsten, des Großherzogs Carl August von Sachsen-Weimar, der den 14. Juni 1828 zu Graditz bei Torgau gestorben war, auf Goethe machte, schilderte ein aus Dornburg vom 10. Juli datirter Brief. "Bei dem schmerzlichsten Zustande meines Innern," schrieb Goethe, "mußte ich wenigstens meine äußern Sinne schonen. Ich begab mich daher den 7. Juli hieher, um den düstern Functionen zu entgehen, wodurch man, wie billig und schicklich, der Menge symbolisch darstellt, was sie im Augenblicke verloren hat, und was sie diesmal gewiß auch in jedem Sinne empfindet."

Linderung für seinen Schmerz fand Goethe in der schönen Natur Dornburgs und der Umgegend, wo er längere Zeit verweilte. "Ein reich ausgestatteter Blumengarten," schrieb er, "vollhängende Weingelände sind mir überall zur Seite, und da thut sich dann die alte wohlfundirte Liebschaft wieder auf. Gründliche Gedanken sind ein Schatz, der im Stillen wächst, und Interessen zu Interessen schlägt. Davon zehre ich denn auch gegenwärtig, ohne den kleinsten Theil aufzehren zu können. Denn das ächte Lebendige wächst nach, wie das Bösartige der Hydra auch nicht zu tilgen ist." Diese Aeußerung entlockten dem greisen Dichter die mannichfachen Versuche seiner Gegner, seine poetischen und wissenschaftlichen Bestrebungen in einem falschen Lichte zu zeigen, und ihn dadurch in der Achtung des Publikums herabzusetzen. Goethe äußerte sich darüber mit den Worten: "Von allem, was gegen mich geschieht, keine Notiz zu nehmen, wird mir im Alter, wie in der Jugend erlaubt seyn. Ich habe Breite genug, mich in der Welt zu bewegen, und es darf mich nicht kümmern, ob sich irgend einer da oder dort in den Weg stellt, den ich gegangen bin."

Ueber die ungenügenden und fehlerhaften Geisteserzeugnisse mancher neueren Schriftsteller, vorzüglich auf dem wissenschaftlichen Felde, äußerte sich Goethe unmuthig in einem Briefe vom 2. Januar 1829. "Es giebt," schrieb er, "sehr vorzügliche Leute, aber die Hansnarren wollen alle von vorn anfangen, und unabhängig, selbstständig, original, eigenmächtig, uneingreifend, gerade vor sich hin, und wie man die Thorheiten alle nennen möchte, wirken, und dem Unerreichbaren genug thun. Ich sehe diesem Gange seit 1789 zu, und weiß, was hätte geschehen können, wenn irgend Einer rein eingegriffen, und nicht jeder ein Peculium für sich behalten hätte. Mir ziemt jetzt 1829 über das Vorliegende klar zu werden, es vielleicht auszusprechen. Doch wenn mir das auch gelingt, wird's doch nichts helfen; denn das Wahre ist einfach und giebt wenig zu thun; das Falsche giebt Gelegenheit, Zeit und Kräfte zu zersplittern."

Wissenschaftliche Forschungen behielten für Goethe noch immer ein sehr lebhaftes Interesse. "Ich suche," schrieb er, "meine Stellung gegen Geologie, Geognosie und Oryktognosie klar zu machen, weder polemisch, noch conciliarisch, sondern positiv und individuell. Das ist das Klügste, was man in alten Tagen thun kann. Die Wissenschaften, mit denen wir uns beschäftigen, rücken unverhältnißmäßig vor, manchmal gründlich, oft übereilt und modisch. Da dürfen wir denn nicht unmittelbar nachrücken, weil wir keine Zeit mehr haben, auf irgend eine Weise leichtsinnig in der Irre zu gehen. Um aber nicht zu stocken und allzuweit zurück zu bleiben, sind Prüfungen unserer Zustände nöthig. Mich bringt nichts ab von meinem alten erprobten Wege: die Probleme sacht wie Zwiebelhäute zu enthüllen, und Respect zu behalten vor allen wahrhaft stilllebenden Knospen. Je älter ich werde, desto mehr vertrau' ich auf das Gesetz, wonach die Rose und Lilie blüht."

Manche erfreuliche Anerkennung ward Goethe's Talenten im In- und Auslande gezollt. Mehrere seiner Freunde und Verehrer in England und Schottland überraschte ihn bei der Wiederkehr seines Geburtstages am 28. August durch das Geschenk eines kostbaren, mit großer Kunstfertigkeit gearbeiteten Petschafts. Fast gleichzeitig erhielt er seine von dem französischen Bildhauer David gefertigte Colossalbüste, anderer werthvollen Geschenke und Auszeichnungen nicht zu gedenken. Sein Leben war in mehrfacher Hinsicht ein glückliches zu nennen. Gleichwohl blieb er nicht verschont von bittern Erfahrungen. Seinen einzigen Sohn, den Kammerrath August v. Goethe, entriß ihm der Tod zu Rom in der Blüthe seiner Jahre, am 28. October 1830. Goethe's Fassung bei diesem Verlust schilderte folgende Stelle in einem seiner damaligen Briefe. "Hier kann allein der große Begriff der Pflicht uns aufrecht erhalten. Ich habe keine Sorge, als mich im Gleichgewicht zu erhalten. Der Körper muß, der Geist will, und wer seinem Wollen die nothwendige Bahn vorgeschrieben sieht, der braucht sich nicht viel zu besinnen."

So ward eine verdoppelte Thätigkeit, die seiner Natur ein dringendes Bedürfniß war, für Goethe zugleich das wirksamste Mittel, schmerzhaften Eindrücken kräftig zu begegnen. Beschäftigte ihn irgend eine große Idee, so entsagte er oft ganze Monate jeder Lectüre, um sich nicht durch andere Gegenstände zu zerstreuen. "Es ist doch," schrieb er, "genau betrachtet, nur eine Philisterei, wenn wir demjenigen zu viel Antheil schenken, worin wir nicht wirken können. Und dann darf ich wohl sagen: ich erfahre das Glück, daß mir in meinem hohen Alter Gedanken aufgehen, welche zu verfolgen und in Ausübung zu bringen, eine Wiederholung des Lebens gar wohl werth wäre. Daher wollen wir uns, so lange es Tag ist, nicht mit Allotrien beschäftigen."

Eine gewisse Begrenzung der Thätigkeit hielt Goethe für nothwendig. "Es ist ganz eins," schrieb er, "in welchem Kreise ein edler Mensch wirkt, wenn er nur diesen Kreis genau kennen zu lernen und völlig auszufüllen weiß. Wofür aber der Mensch nicht wirken kann, dafür sollte er auch nicht ängstlich sorgen, nicht über Bedürfniß und Empfänglichkeit des Kreises hinaus, in den ihn Gott und die Natur gestellt, anmaßlich weiter wirken wollen. Alles Voreilige schadet; die Mittelstraße zu überspringen, ist nicht heilsam. Thue nur jeder an seiner Stelle das Rechte, ohne sich um den Wirrwarr zu bekümmern, der fern oder nah die Stunden auf die unseligste Weise verdirbt, so werden Gleichgesinnte sich bald ihm anschließen, und Vertrauen und wachsende Einsicht von selbst immer größere Kreise bilden."

Diesen Lebensregeln und seiner rastlosen Thätigkeit auch in höherem Alter treu zu bleiben, war ihm durch die fast ununterbrochene Dauer seiner Gesundheit gegönnt. Er genas bald wieder von einem Blutsturz, der ihn 1831 befiel, als er sich mit dem Ordnen seines literarischen Nachlasses und mit dem zweiten Theil des "Faust" beschäftigte. Im August des genannten Jahres ging er nach Ilmenau. Nach seinem eignen Geständniß hatte er sich dorthin begeben, um den persönlichen Huldigungen auszuweichen, die ihn bei der Wiederkehr seines Geburtstages zu überraschen pflegten.

Sichtbar gestärkt kehrte er wieder nach Weimar zurück. Die Kraft und Munterkeit des Geistes im Gespräch mit seinen Freunden ließ kaum ahnen, daß ihm sein Lebensende sehr nahe war. Ein Engländer, der ihn besuchte, schilderte ihn noch so jung und kräftig wie einen Vierziger. Dem kalten Luftzug, der ihn auf dem Gange aus seiner Studirstube nach den vordern Zimmern angeweht habe, schrieb Goethe ein heftiges Bruststechen zu, das nach einer unruhigen Nacht noch am Morgen fortdauerte. Er ahnte keine Gefahr, als ärztliche Mittel jenes Uebel und den fieberhaften Zustand beseitigt hatten. Sein Athem war jedoch noch immer beengt, und in Gegenwart seines Arztes, des Dr. Vogel, den er den 20. März 1832 hatte rufen lassen, preßte ihm der Schmerz schneidende Töne aus. Von einer innern Angst bald in das Bette, bald in den daneben stehenden Lehnstuhl getrieben, fürchtete er eine Wiederkehr des Blutsturzes, der ihn das Jahr zuvor befallen. Seine Gesichtszüge waren verzerrt, das Antlitz graublau, der ganze Körper kalt, und von triefendem Schweiß bedeckt. Er fühlte sich sehr matt, und es traten Augenblicke völliger Bewußtlosigkeit ein. Mitunter phantasirte er, indem er ruhig in seinem Lehnstuhl saß. "Seht," sprach er unter andern, "seht den schönen weiblichen Kopf mit schwarzen Locken, in prächtigem Colorit, mit dunkelm Hintergrunde!" Unter solchen und ähnlichen Phantasieen und Rückerinnerungen an seinen ihm vorangegangenen Freund Schiller, rief er seinem Diener zu, doch den zweiten Fensterladen zu öffnen, damit mehr Licht in's Zimmer komme. Es sollen seine letzten Worte gewesen seyn. Immer schwerer athmend, drückte er sich in die linke Seite seines Lehnsessels. Es war am 22. März 1832, als er wie es schien, schmerzlos verschied.

Jenen Tag, an welchem sieben Jahre früher ein unglücklicher Brand das Weimarische Theater vernichtet, hatte Goethe, dem Glauben an Ahnungen von jeher geneigt, immer für einen tragischen und unglücksschwangern Tag gehalten. Mehrmals hatte er gefragt, der wievielste Tag im März heute sei, und der Zufall wollte, daß er an demselben Tage, in derselben Stunde starb, wo vor dreizehn Jahren sein vieljähriger Freund und Amtscollege, der Minister v. Voigt, verschieden war.

"Am Morgen nach Goethe's Tode," erzählt einer seiner jüngern Freunde, "ergriff mich eine tiefe Sehnsucht, seine irdische Hülle noch einmal zu sehen. Sein treuer Diener Friedrich schloß mir das Zimmer auf, wo man ihn hingelegt hatte. Auf den Rücken ausgestreckt, ruhte er wie ein Schlafender. Tiefer Friede und Festigkeit waltete auf den Zügen seines erhabenen edeln Gesichts. Die mächtige Stirn schien noch Gedanken zu hegen. Ich hatte das Verlangen nach einer

Locke von seinen Haaren, doch die Ehrfurcht hinderte mich, sie ihm abzuschneiden. Der Körper lag nackend in ein weißes Betttuch gehüllt. Große Eisstücke hatte man in einiger Nähe umhergestellt, um ihn selbst frisch zu erhalten so lange als möglich. Friedrich schlug das Tuch auseinander, und ich erstaunte über die göttliche Pracht dieser Glieder. Die Brust überaus mächtig, breit und gewölbt; Arme und Schenkel voll und sanft muskulös; die Füße zierlich und von der reinsten Form, und nirgends am ganzen Körper eine Spur von Fettigkeit oder Abmagerung und Verfall. Ein vollkommener Mensch lag in großer Schönheit vor mir, und das Entzücken, das ich darüber empfand, ließ mich auf Augenblicke vergessen, daß der unsterbliche Geist eine solche Hülle verlassen. Ich legte meine Hand auf sein Herz -- es war eine tiefe Stille -- und ich wendete mich abwärts, um meinen verhaltenen Thränen freien Lauf zu lassen."

Die allgemeine Liebe und Verehrung, die er im Leben genossen, zeigte Goethe's glänzende Begräbnißfeier am 26. März 1832. Eine öffentliche Ausstellung seiner Leiche war der Beerdigung vorangegangen. Seine irdischen Ueberreste empfing die fürstliche Gruft. Die Weimarische Bühne blieb an Goethe's Begräbnißtage geschlossen, und ward am 27. März mit einer Vorstellung seines "Tasso" eröffnet. Am Schlusse des Stücks sprach der Schauspieler Durand einen von dem Geh. Rath und Kanzler v. Müller gedichteten, alle Gemüther tief ergreifenden Epilog. Auch mehrere Gedichte von Goethes Freunden und Verehrern sagten seinen Zeitgenossen, was sie an ihm verloren. In mehrfacher Hinsicht paßten auf ihn selbst die Worte, die er einst am Grabe der Herzogin Amalia von Sachsen-Weimar gesprochen: "Das ist der Vorzug edler Naturen, daß ihr Hinscheiden in höhere Regionen segnend wirkt, wie ihr Verweilen auf der Erde, daß sie uns von dorther, gleich Sternen, entgegen leuchten, als Richtpunkte, wohin wir unsern Lauf bei einer nur zu oft durch Stürme unterbrochenen Fahrt zu lenken haben; daß diejenigen, zu denen wir uns oft als zu Wohlwollenden und Hülfreichen im Leben hinwendeten, nun die sehnsuchtsvollen Blicke nach sich ziehen, als Vollendete, Selige."